SOUVENIRS D'ENFANCE

ET DE COLLÈGE

SEPTIÈME SÉRIE. — Format in-8° cavalier ill.

TYPOGRAPHIE FIRMIN-DIDOT ET Cie. — MESNIL (EURE).

Tenir la robe de maman suffisait à mon bonheur. (Page 14.)

Armand Eudel du Gord

SOUVENIRS D'ENFANCE
ET DE COLLÈGE

OUVRAGE ILLUSTRÉ DE 50 DESSINS INÉDITS

DE

TOFANI

PARIS

LIBRAIRIE DE FIRMIN-DIDOT ET Cie

IMPRIMEURS DE L'INSTITUT, RUE JACOB, 56

1891

PRÉFACE.

Est-il bon, est-il seulement triste de remuer de vieilles cendres?

On y ressent des regrets bien vifs. Quels soupirs profonds s'exhalent de ce sein refroidi, jadis si brûlant d'illusions et d'espérances!

Cependant, nous prenons un plaisir amer dans cette évocation du passé, jouissance fugitive, retour de l'âme à ce qui ne doit plus être jamais.

Essayons de fixer cette vision dans les lignes qui suivront.

Tâchons de retrouver, avec le courage qui nous est nécessaire pour atteindre notre but, un reste de cette fougue qui aida et contraria tour à tour nos efforts à l'aurore de la vie.

Rossay, décembre 1888.

SOUVENIRS D'ENFANCE

ET DE COLLÈGE

MAMAN

Maman! Le radieux soleil de l'enfance est là! Première gardienne de notre faiblesse, asile sûr et toujours prêt, consolatrice si tendre et ingénieuse, soutien solide à tous les âges. Maman! mot que dit l'enfant comme un chant, que répète le vieillard comme un déchirant appel, que balbutie le mourant comme le dernier espoir. Ah! frais souvenirs de l'enfance, ne vous trouvez-vous pas dans ce nom? Ne contient-il pas aussi nos illusions du temps où notre bonheur semble devoir durer toujours?

Qu'importe qu'on soit né ici ou là, dans telle ville

ou dans telle autre, on a sa maman qui arracha nos épines pour ne nous faire respirer que les fleurs. C'est elle qui vient apparaître à nos premiers regards, belle, pleine d'une grâce infinie, dans un sourire. N'est-ce point elle aussi qui résume toute notre félicité enfantine? N'est-ce point elle encore qui, perdue pour nous ici-bas, continue de l'autre monde à planer au-dessus de nous, dans un nimbe céleste et pur, et console encore par son souvenir notre cœur endolori et déçu?

Maman avait une figure attrayante et des cheveux châtains magnifiques. De longs cils très doux tempéraient l'éclat de ses yeux gris-bleu, vifs et intelligents. Un aimable sourire errait presque toujours sur ses lèvres un peu épaisses. Son teint variait du rose au pâle, suivant ses impressions très mobiles. Une taille élevée et svelte, l'aisance de ses belles manières décelaient son origine. Elle possédait un talent qu'apprécient les femmes, elle parait tout ce qu'elle portait. La plus simple de ses toilettes l'habillait à ravir. Très bonne ménagère, vouée avant tout aux soins de sa maison, elle ne s'attardait pas, cependant, aux détails de la vie matérielle. Son esprit spontané, varié, gai, devenait parfois subitement mélancolique; c'était comme un petit nuage qui passait sur un beau ciel. Toute bienveillante, épanouie dans sa franchise, elle était trop richement douée pour chercher un aliment de conversation dans ces coups de langue envenimés qu'une femme spirituelle peut si facilement décocher à ses plus chers amis. Elle ne visait nullement à se faire briller. Son éducation lui avait laissé une réserve féminine à laquelle elle restait fidèle.

Dans sa simplicité, elle ne croyait à la méchanceté de personne. Peu savante, suivant la mode générale de son temps, elle exerçait cependant un charme réel sur nombre de gens supérieurs. Que de personnes vouées aux travaux abstraits de la science ou de la pensée, que d'artistes et d'académiciens sont venus chercher près d'elle, comme un délassement, sa simple causerie qu'ils aimaient!

Son modeste salon prenait sous son influence

un courant d'esprit des plus agréables. Elle avait le grand art de faire épanouir les natures timides, sachant écouter les uns, parler aux autres, s'occupant de tous sans préférer ceux-ci à ceux-là et les faisant valoir sous leurs meilleurs et plus brillants côtés.

Ennemie de toute morgue, indulgente, dévouée, ne connaissant pas d'obstacle pour venir au secours de ceux qu'elle affectionnait, toujours entourée, elle voulait plaire et plaisait. Sa piété était dans ses actions qui disaient la beauté de son âme et la générosité de son cœur. Personne n'a gémi ni pleuré impunément devant elle. Elle était particulièrement portée à consoler ceux qui avaient éprouvé de grands désastres. Elle peignait alors leur détresse en des termes si touchants et si vrais, qu'elle faisait passer dans l'esprit de ses auditeurs toute sa pitié et sa mansuétude.

Maman avait aussi sa part des infirmités humaines. Sous l'influence d'un mal qui n'a pas changé de nom, la névralgie, elle était parfois de mauvaise humeur, surtout à l'approche de la neige ou du vent du nord. Alors cet esprit si subtil et si bon s'ingéniait à dire des choses taquines à ceux dont l'affection pour elle était solide et éprouvée. Bien vite sa bonne nature s'empressait d'effacer ces nuages. Elle était d'ailleurs assurée d'avance, en raison de sa santé délicate, de bénéficier d'une indulgence absolue. Elle y comptait malicieusement.

Avec ses imperfections, je n'aurais pas voulu changer de maman, quand on m'aurait donné à choisir dans l'innombrable quantité des mamans de la terre entière.

Ma petite enfance s'écoula uniforme et douce sous l'aile maternelle. Ma seule compagnie se composait de mes parents, de ma sœur et de ma vieille bonne Germaine. Ma sœur, dans son mutisme contemplatif et silencieux, comptait pour peu dans ma vie et n'aimait point à jaser. Mon père était absorbé par ses fonctions; d'ordinaire c'était contre le fauteuil de maman que je me tenais blotti, comme un passereau qui n'a point encore pris son essor; écoutant ses paroles, les buvant comme le lait, la regardant faire sa broderie. Tenir sa robe avec ma main, me sentir tout près d'elle, suffisait à mon bonheur.

Lorsqu'elle me quittait, une tristesse morne se plaçait dans ces deux mots :

— Tu t'en vas?

Au contraire, une joie indicible éclatait sur mon visage, quand, à son retour, je lui disais en me suspendant à son cou :

— Enfin te voilà!

PAPA

Papa avait été très beau. Sa figure ouverte, ses yeux bleus étincelants, son teint rosé, puis des cheveux argentés, des sourcils noirs, un nez et une bouche de camée étaient bien faits pour plaire.

Très vigoureux dans sa taille moyenne, il avait l'attrait des hommes : la force. Le respect profond qu'il se plaisait à témoigner aux dames, à la mode d'autrefois, était un indice des sentiments chevaleresques qui l'animaient.

Il se laissait parfois emporter à la colère dans son paisible intérieur, pour se dédommager de la contrainte qu'il s'imposait dans ses fonctions administratives. Alors son aspect était terrible; excepté maman, tous tremblaient autour de lui. Ces colères étaient bien rares et bien courtes. Le fond de son caractère était fait de loyauté, d'une conscience scrupuleuse et d'une défiance de lui-même justifiée seulement par une sorte de timidité inexplicable dont il n'avait jamais pu se rendre absolument maître.

Très autoritaire, par suite de l'habitude du commandement contractée dès sa jeunesse, il apportait dans son intérieur le même esprit que dans ses affaires extérieures. Il fallait lui obéir passivement et strictement, nous le savions; aussi marchions-nous droit, sans penser jamais qu'il fût possible seulement d'hésiter. Il régnait dans sa famille avec justice et bonté, mais sans être familier avec nous. Très exigeant pour lui-même, il évitait de blesser personne. Susceptible, ou pour mieux dire, sensible, comme beaucoup d'âmes délicates, quand il se sentait froissé, le sang lui montait au visage; il perdait la parole, se renfermant dans un triste silence, qui protestait par son éloquence contre la douleur intérieure qu'il subissait sans plaintes et sans répliques. Il ne se faisait jamais valoir, ne disait jamais de mal de qui que ce fût. Il ne parlait jamais de religion ni de politique. Sa foi était profonde; il ne fallait pour s'en convaincre que l'observer lorsqu'il assistait à la messe le dimanche. Son recueillement alors était si complet, qu'il n'écoutait même pas la musique des orgues, lui, un musicien si passionné! A la sortie de l'église, il restait absorbé dans ses pensées; nous n'osions jamais lui parler dans ces moments-là. Peu communicatif avec moi, il l'était un peu plus avec ma sœur. Il m'inspirait une crainte mélangée de respect; néanmoins je l'aimais tendrement. Je me sentais, quoique enfant, flatté de l'estime qu'il savait inspirer partout. Quand je sortais le tenant par la main, j'éprouvais comme de la fierté et un vrai bonheur, malgré les longs silences qui régnaient parfois entre nous.

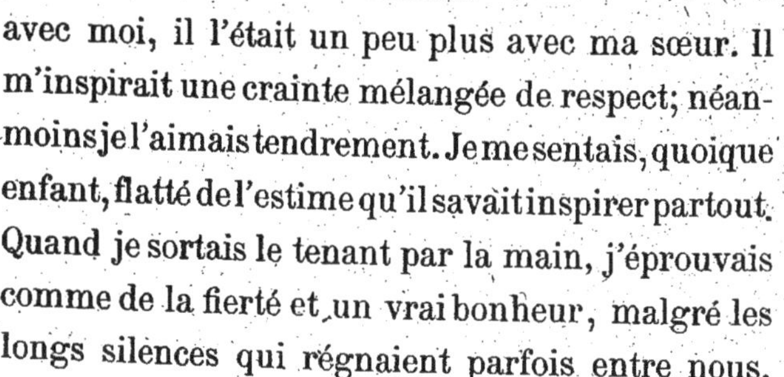

En somme, il avait la tournure et les habitudes d'un homme bien né, soucieux, par-dessus tout, de son honneur, de son devoir et de ce qu'il devait au monde. Ses loisirs assez rares étaient consacrés à sa famille, à la musique, à la chasse; il aimait fort ses chevaux et ses chiens.

ALTKIRCH, 1835

Quand je regarde dans cette grande lunette, où parfois tant de choses restent vagues, lorsqu'elle se fixe sur un passé trop lointain, je vois une petite ville d'Alsace, Altkirch vers 1835. — Ce fut là que se passèrent nos premières années.

Pareil à un nid d'aigle, bâti sur une hauteur escarpée, entouré d'épaisses murailles flanquées de tours altières à la base verdie par le lierre, ce séjour nous semblait plein de vie, d'air pur, de lumière et de gaieté. Les anciens remparts du temps féodal, convertis en promenades ombragées, dominaient une campagne d'une incomparable beauté. Des champs de blés dorés, entrecoupés de terrains rocheux, puis d'épaisses forêts, s'étendaient à perte de vue jusqu'aux ondulations de montagnes aux tons violets; le ciel immense, éblouissant, encadrait ce paysage. Avec quel plaisir je fixais mes yeux de cinq ans sur cette belle voûte azurée sans fin!

Pour descendre à la plaine, on suivait parfois la route royale, destinée aux voitures, ou de tortueux sentiers en lacets, vrais chemins de chèvres sauvages. Quelques genêts d'Espagne au panache vert piqué de fleurs jaunes, de rares giroflées poussées dans des pierres moussues, des quartiers de rocs brisés, tel était ce terrain abrupt aimé des enfants. On n'y entendait que cris, rires, chutes et larmes. Cette descente accidentée était suivie d'une ascension non moins pleine d'inattendu et de charme. Quels drôles de costumes égayaient nos regards dans ce bon temps! Ce grand vieillard qui fume avec une majesté tranquille devant sa maison proprette et blanche, entourée à tous ses étages par des galeries de bois comme en Suisse, ressemble-t-il aux autres vieux? Voyez ses cheveux blancs, serrés en petite queue roulée dans une soie noire très luisante. Un chapeau à trois ailes très vastes abrite son visage calme et doux; des culottes courtes en velours, des bas à côte; ses souliers à boucles sont d'un autre temps. Autour de lui s'agite active une belle et robuste fille aux yeux bleus clairs, coiffée d'un bonnet plat en velours brodé, rehaussé d'un nœud alsacien; son jupon rouge bordé de velours noir ne cache pas ses grosses jambes terminées par des pieds qui n'ont rien de chinois; ses cheveux, tressés en opulentes nattes d'un blond filasse, pendent derrière elle. On voit qu'elle n'emprunte rien au coiffeur. On dirait une Viennoise. Ils causent ensemble dans un langage d'éternels *crah, rach, bach*, un écorche-bouche que tout le monde apprend aujourd'hui. Les jeunes hommes se promènent; ils fument; leur pipe de porcelaine est ornée d'un portrait de jeune Alsacienne toujours aux yeux bleus et aux cheveux blonds. Pour se donner un air élégant, ils tiennent à la main une baguette : ce sont des gaillards de haute taille.

Papa avait dit la veille qu'il irait à la chasse et nous emmènerait plus loin que les faubourgs. Nous descendions par la grande route sur un pavé pointu et inégal, chaque cahot du char à bancs excitait nos rires jusqu'aux larmes. Les parfums pénétrants de l'automne se mélangeaient à certaine odeur de friture sortant des maisons. Un léger petit vent frais nous apportait tout cela. Le temps était splendide, l'air pur; tout le monde dehors. Les enfants chantaient; les gamins des rues, dont j'enviais la liberté sans frein, poussaient des piaulements aigus et les hirondelles, décrivant dans l'espace des cercles immenses, laissaient échapper en se croisant des petits cris joyeux. Chacun était de bonne humeur, c'était comme un chant général et harmonieux dont tous faisaient partie sans s'en douter, et dont l'ensemble montait vers ce brillant soleil aux chauds rayons, la joie de la nature et des gens.

Aux abords de la plaine, nous voyons de belles tiges grimpantes et fleuries, et le long des murs, des treilles chargées de grappes noires ou dorées. Par instant un petit souffle agite toutes les feuilles qui se mettent à rire pour se mêler à notre plaisir.

Vers la fin de la descente, le cheval prend un beau trot allongé. Avez-vous remarqué combien il est agréable de sentir détaler un cheval qui frappe en mesure ses sabots sur une route plane et blanche, pendant que les arbres courent sans jamais pouvoir rattraper la voiture?

Arrivés dans la campagne, papa allume sa pipe de chasseur; il bat le briquet, l'amadou crépite, s'enflamme, sa fumée bleue embaume. Quel suave et délicieux parfum! Aujourd'hui, plus d'amadou, ce sont des allumettes pourries d'odeur de musc, ou bien elles ratent. Où es-tu cher amadou? Démodé comme les rois.

A l'endroit où nous devons nous séparer, papa se dirige vers sa chasse avec Azor qui bondit autour de lui. Tant que je le vois, je lui fais des signes d'adieu de la main, puis nous revenons. Le ciel s'était couvert, il est gris comme du plomb; nous restons silencieux. Sur notre chemin tout nous paraît austère, c'est autre chose; en passant par la poterne de la ville, nous la considérons avec tristesse. Les grosses tours semblent nous menacer. Le gendarme nous regarde d'un œil sévère, les chiens devenus méchants hurlent et se battent, les hirondelles ont disparu; nous retrouvons maman la tête enveloppée, elle a mal aux dents, le vent est en plein nord.

Vers la tombée de la nuit, papa revient escorté de son fidèle Azor.

— Quel chien incomparable! nous dit-il. — Pendant qu'on parlait de lui, Azor agitait sa queue et son bel œil brillait plus qu'à l'ordinaire. Il comprenait. Azor n'était pas seulement un chasseur, c'était un cœur, c'était un esprit. J'imagine qu'il personnifiait un rare et parfait type de sa race. De même que dans la nôtre nous avons des grands hommes, aussi dans la leur, les chiens doivent posséder de grands chiens. C'était un grand chien. Toute ma vie j'ai cherché un Azor, mais en vain. Comme extérieur, sa beauté attirait tout d'abord l'attention; sa robe d'un satin chatoyant marron était parsemée de petites taches blanches. Rien n'était agréable comme de le caresser. Que de choses ce braque de haute taille savait dire avec sa petite queue coupée dont il variait les mouvements suivant les caprices de ses pensées! Il ne mordait jamais. On pouvait lui tirer les oreilles, alors son doux regard devenait suppliant :

— Pourquoi me faire mal, à moi, ton ami? disait-il en son muet langage. Aussitôt je prenais sa bonne tête, et la pressant contre ma poitrine, je couvrais de baisers son museau rose terminé par une truffe noire toujours fraîche. Il avait une singulière habitude qui excitait notre hilarité : après nos effusions, il éternuait avec un plongeon de tête rapide du côté gauche, comme s'il eût respiré du poivre.

Après tout, quelques grains de tabac avaient bien pu s'égarer dans ma robe, car maman prenait souvent une prise et je l'embrassais encore bien plus qu'Azor.

Azor n'était pas un chien qu'on trompe; il devinait les plaisanteries et il eût toujours gagné au jeu des attrapes. Ses talents étaient nombreux. Debout, dans un coin, il savait faire le grenadier avec mon schako, le coupe-choux autour des reins, le fusil dans la patte. Il se surpassait lorsqu'il pouvait me garder dans une chambre comme une bonne. On lui disait :

— Azor! garde Armand.

Aussitôt il se levait d'un air inquiet, pénétré de sa responsabilité, et prenait l'attitude d'un gardien vigilant et courageux : l'enfant, je vous l'assure, était en sûreté. Les jours de chasse, Azor s'égarait dans des distractions que je trouvais désolantes; il ne mangeait pas, fuyait ma caresse, refusait de jouer. A certaines heures j'entendais dans la rue un tapage étourdissant, comme en auraient pu faire des moineaux en bataille. C'était la sortie de l'école. Invinciblement attiré, je descendais en tapinois avec mon fidèle compagnon, sur la pointe du pied. J'ouvrais la porte. Partagés en

deux camps, les écoliers se battaient à coups de pierres. La tentation de prendre part à l'action était trop forte, paraît-il, car je ne sais comment, je me trouvais bientôt du seuil de la porte dans la rue, Azor toujours derrière moi. Je sens encore bouillonner mon sang, affolé à la vue du combat; moi aussi, j'ai des pierres à la main, je les lance, comme font les femmes, par un mouvement gauche, sur les partis engagés, mais les combattants ripostent par des injures en allemand et m'accablent de projectiles. Azor juge qu'il n'y a plus un moment à perdre : ce n'est plus un chien, c'est un lion; il s'élance effrayant, poussant des aboiements féroces, et met en fuite dans une charge furieuse l'armée tout entière.

Ma rentrée était piteuse, Azor seul n'était pas grondé. Aussitôt la leçon reçue, je le comblais d'éloges et de caresses et je partageais avec lui mon goûter pour récompenser sa bravoure. Ah! tendre ami de ce temps, que ton souvenir me reste cher! Si certain illustre académicien avait eu le bonheur de te connaître et de te posséder, jamais il n'aurait osé malmener ta race. Mais les gens d'esprit se gaudissent parfois à dire des bêtises; ça les change.

Je tiens dans mes mains une des grosses perdrix que papa vient de rapporter de la chasse.

Pauvre gentille créature! ses petits la cherchent peut-être. Elle aurait pu s'apprivoiser. Pourquoi la mort donne-t-elle l'aspect du sommeil? pourquoi reste-t-elle inerte? pourquoi? Les pourquoi se succèdent dans ma pensée et me laissent rêveur et triste.

Voilà l'heure du repos; nous arrivons dans notre chambre où sont nos lits blancs, près de celui de notre vieille Germaine. On nous prépare pour le coucher. J'entends tinter une cloche qui doit savoir bien des choses depuis tant d'années qu'elle habite avec les hiboux dans le vieux clocher de l'église. Nous faisons notre courte prière, puis vient le doux baiser du soir qui termine la journée par un soupir de bonheur. De mon lit je vois Germaine tricoter son bas d'un mouvement fébrile. Je mêle dans ma tête : chasse, soleil, Azor, et perdrix. Les aiguilles à tricoter de ma bonne brillent dans l'ombre, elles grandissent à l'infini pour devenir de toutes petites aiguilles. Le bruit sec des mouchettes se perd dans le silence et le calme. Je n'entends plus rien, je m'endors.

ALTKIRCH, 1838

Aujourd'hui la pluie tombe par averses d'abord, puis s'établit définitivement. Les gouttières ne peuvent plus contenir l'eau des toits, c'est un débordement de cascades sur les trottoirs. Par instant, de violentes raffales s'engouffrent par la rue, alors la pluie claque sur les carreaux et on entend un bruit de ruisseaux qui se dépêchent de couler partout. Nous sommes dans la chambre de maman et c'est de sa fenêtre que nous voyons tout cela. Il y fait délicieusement chaud. C'est très curieux ce mauvais temps. Ma sœur et moi nous ne nous lassons pas de regarder cette pluie entêtée qui rebondit en éclats sur les pavés.

Les rigoles sont grossies de chaque côté de la rue et se rejoignent comme une vraie rivière. Les femmes, tenant leur jupe d'une main, leur parapluie de l'autre, marchent sur le bout du pied, trempées jusqu'au jupon. Mon Dieu, Madame, prenez garde, votre parapluie va s'envoler! — Et voilà le facteur, et sans parapluie; pauvre homme, son manteau militaire laisse tomber des franges d'eau sur ses énormes souliers luisants! — Mais le vent se met de la partie, ses mugissements furieux ébranlent les fenêtres. L'enseigne du coiffeur, M. Jasmin, attachée par des chaînes à une potence en fer, se met à cabrioler, elle, si raisonnable d'ordinaire, ne peut s'empêcher de danser comme une folle. Nous nous tordons de rire à la regarder. Le vent tournoie en grondements dans la cheminée, siffle tristement par les joints des portes; enfin il s'apaise un peu : de suite, la pluie reprend avec plus d'obstination que jamais, comme si le ciel grisâtre devait laisser tomber toutes ses cataractes sur la terre. — Le temps devient si sombre que les ténèbres se font autour de nous, la cheminée heureusement nous éclaire encore un peu, grâce à la lueur de ses tisons mourants. Maman a quitté sa broderie. Azor baille, cela veut dire : Je m'ennuie. Nous avons épuisé tous les jeux, mais c'est la pluie qui nous a le plus divertis. Je m'approche de mère et lui dis de ma voix la plus câline :

— J'ai été bien sage, raconte-moi donc l'invasion des vilains Allemands. Tu sais bien, ces soldats qui voulaient brûler la ville.

— Mais, mon enfant, tu la connais cette histoire.

— Je ne me la rappelle pas bien, raconte-la-moi encore, je t'en prie.

Suspendu à son cou, je couvre maman de baisers.

— Allons, dit-elle, comme vous avez été gentils, je vais vous raconter la chose, mais pour la dernière fois.

Assis avec ma sœur, les genoux tout près de ceux de notre mère, ma main dans la sienne, mes yeux noyés dans son cher regard si tendre, nous écoutons, la bouche ouverte, dans la plus extrême attention.

Un soir de l'année 1815, nous étions tous réunis à G... en Bresse, dans ce lieu chéri et si beau où s'est passée mon enfance. Mon père venait de faire restaurer le château. De grandes futaies avaient été réunies au parc et lui donnaient tout le charme et la grandeur d'aujourd'hui.

Quoique maire de Louhans, papa habitait sa terre de prédilection pendant la plus grande partie de la belle saison. Ce jour-là, notre ramage d'enfants s'épanouissait en plein bonheur, plus expressif encore que de coutume.

Était-ce l'odeur des foins coupés dans l'après-midi, ou la nuit qui s'approchait pure et fraîche? Je ne sais. Quelle que fût la cause, nous mourions d'envie, ma sœur Julie et moi, d'aller courir sous ces grands platanes, qui font au château une magnifique couronne de verdure. Mais la permission d'aller les rejoindre ne nous avait pas encore été donnée et nos parents se regardant d'un air grave restaient dans une préoccupation visible.

Dès que papa se lève, nous bondissons comme deux chevrettes en liberté, nous courons nous cacher derrière les vigoureux troncs lisses. A l'improviste nous paraissons pour nous cacher encore avec nos cris de petites filles joyeuses.

Du côté du village de G..., dans la direction de la forêt, un chien hurlait.

— Bénédite, écoute, me dit ma sœur, devenue

tout à coup sérieuse, un doigt sur la bouche, c'est signe de malheur.

Je retiens mon souffle, le cœur me bat, je prête l'oreille, le triste gémissement se prolonge, déchirant. D'autres chiens se lamentent, ils éprouvent sûrement la même sensation.

— J'ai peur, Julie, retournons près de maman.

A peine rassurée, j'entends le galop d'un cheval arrivant à bride abattue dans la cour; peu après, sortant de l'ombre, paraît un gendarme couvert de poussière. Il tient une grande lettre à la main. Jean, notre domestique, marche à ses côtés.

— Monsieur, dit-il, c'est un courrier de la préfecture.

Papa prend la dépêche, la lit, donne vite un reçu au militaire, puis, se tournant vers Jean :

— Attelle de suite, je retourne à la ville.

Maman, debout, les bras pendants, les mains croisées l'une dans l'autre, résignée, interroge notre père du regard.

— Est-ce encore quelque mauvaise nouvelle? murmure-t-elle.

— Cette dépêche, répond mon père, m'annonce qu'un corps d'armée prussien, commandé par le prince de Hesse-Darmstadt, est sur le point d'arriver à Louhans. C'est l'investissement d'une ville ouverte, le pillage, l'incendie, pis peut-être! Si c'étaient des Russes, mais des Prussiens!...

— Nous permettrez-vous de vous accompagner, dit maman, d'une voix ferme?

— Que faire? répliqua-t-il; mon devoir peut m'entraîner à toutes les extrémités... mais vous... mais vous... Oh! mes chers cœurs, que Dieu nous inspire.

— Mon ami, répondit ma mère, nous ne devons pas nous séparer. Ici nous resterions dans des angoisses sans nom. Nous partirons avec vous. D'ailleurs, ajouta-t-elle, si nous restions à G..., vos pensées seraient ici, et vous ne devez songer qu'à une chose : sauver la ville. Et puis, le pire des dangers pour des femmes, c'est de rester isolées. Que pourraient les fermiers et les domestiques pour nous défendre?

Mon père demeura quelques instants muet, dans la plus cruelle indécision; ses angoisses se peignaient sur son visage.

Maman lui prit la main.

— Je vous en supplie.

— A la grâce de Dieu, dit-il enfin, nous partirons ensemble.

Nous montons dans cette antiquaille de voiture suisse capitonnée à l'intérieur de maroquin jaune piqué de boutons de soie violette; vous la connaissez, chers enfants, elle existe encore.

J'étais bien petite, mais de pareils souvenirs ne s'effacent jamais.

Pendant le trajet, mon père, suivant sa coutume quand il voulait presser ses chevaux, frappait des pieds et de sa canne le fond de la voiture. Les animaux, connaissant ce bruit, partaient aussitôt à toute vitesse.

Par cette nuit si pure, on voyait au loin, sur notre gauche, des fusées que l'armée ennemie lançait dans l'espace pour marquer sa présence à des corps de troupes très éloignés. Dans ma naïveté, je n'avais d'yeux que pour ces traces lumineuses, s'élevant tout subitement vers les étoiles. Chaque fois qu'elles reparaissaient, je touchais le coude de ma sœur sans oser lui rien dire. Je me sentais en même temps brusquement rappelée à moi-même par les hurlements des chiens. Loin d'avoir cessé ils n'avaient fait qu'augmenter. Ces amis fidèles annonçaient à leurs maîtres un danger inconnu. Le vent leur apportait d'étranges senteurs. Certains d'entre eux aboyaient avec fureur contre l'ennemi invisible. Ni nos parents ni ma sœur n'échangeaient une parole, je sentais qu'il fallait les imiter.

Nous traversions le pont de bois de la Seille, très large à cet endroit, et le cocher faisait prendre le pas à ses chevaux, quand papa étendit la main pour montrer à ma mère un immense incendie dont la lueur rouge éclairait toute la rivière; au même moment, le crépitement de la fusillade retentit derrière les gros bateaux noirs amarrés le long du quai. Julie passa doucement son bras sous le mien et me serra la main, elle était toute tremblante et pleurait.

Dans la direction de Châteaurenaud, mêmes coups de fusils. Papa dit au cocher de prendre le galop; c'est ainsi que nous arrivâmes sur la place de l'hôpital, où stationnait une foule immense. Toute la population était dans la rue, affolée. De tous côtés des groupes de femmes et d'enfants en larmes. Les cloches tintaient le tocsin. L'église, toute pleine, éclairée par les flammes, contenait la foule à genoux demandant à Dieu un secours inespéré. Le clergé, prosterné autour du maître-autel, implorait la protection de la sainte Vierge et récitait ses litanies; mais les orgues se taisaient et l'assistance entière répondait à chaque verset d'une voix basse; ces douces litanies ressemblaient plutôt à des prières de funérailles.

La voiture du maire fut reconnue, des acclamations très vives retentirent parmi la foule, qui

« Madame, je n'ai rien à refuser à la vertu et à la beauté ! » (Page 41.)

découvrit tout entière. Par[illegible] de la mairie.

— Conduisez madame à la maison, dit-il à Jean, puis s'adressant à notre mère :

— Prenez des habits de deuil et un voile noir, et, sans perdre de temps, venez me rejoindre.

A son retour, maman le retrouve dans la grande salle du conseil; autour de lui pressés, anxieux, les magistrats, des fonctionnaires, les notables, le sous-préfet, l'entretiennent sans cesse toujours dans la plus vive agitation.

Les nouvelles se succédaient à chaque instant, plus sinistres les unes que les autres. Le feu embrasait les fermes avoisinant les faubourgs; l'avant-garde des Allemands s'avançait, fusillant sans merci les innocents paysans qu'elle rencontrait; l'embrasement d'un moulin rapproché de grands magasins, donnait aux maisons une couleur livide. Le sac de la ville commençait au milieu des cris de désespoir de la population désarmée.

Nul ne trouvait le moyen d'arrêter l'impitoyable vainqueur.

— Messieurs, dit le maire, le temps n'est pas aux paroles, il ne nous reste qu'un suprême espoir. Que Mme de G... aille se jeter aux pieds du prince de Hesse. La prière de celle qui naguère a présenté des fleurs en votre nom à l'empereur Napoléon saura peut-être conjurer la catastrophe.

Vous comprenez, mes enfants, avec quel empressement la proposition fut acceptée.

Témoignant d'un courage admirable, ma mère n'hésita pas un instant.

— Je suis prête, dit-elle.

Précédée d'un vieux soldat qui portait le drapeau de parlementaire, suivie du maire et du sous-préfet revêtus de leurs insignes, elle se rendit au quartier général.

Introduite auprès du commandant en chef, prince de Hesse-Darmstadt, elle releva son long voile noir, se jeta à ses pieds et lui dit d'une voix brisée par la douleur :

— Monseigneur, au nom du Dieu vivant, au nom de l'auguste princesse votre mère, grâce pour notre malheureuse ville !...

Subitement attendri, le prince s'avança vers elle, la releva avec la plus exquise courtoisie et lui dit :

— Madame, je n'ai rien à refuser à la vertu et à la beauté !

— Soyez à jamais béni, Monseigneur, s'écria-t-elle en lui baisant les mains dans un élan d'ardente reconnaissance.

Le prince donna un ordre : aussitôt des aides de camp partirent dans toutes les directions, et le pillage et les incendies s'arrêtèrent.

L'ennemi s'employa lui-même à les éteindre.

Les prières de toute cette ville en deuil avaient été exaucées, et Dieu avait choisi notre mère pour être l'instrument de sa miséricorde.

Vous dire, mes amis, la frénésie de joie qui succéda à la terreur universelle, c'est impossible. Pendant de longues années le souvenir de ce bel acte de dévouement demeura dans tous les cœurs, et chaque fois que l'anniversaire de la délivrance providentielle revenait, maman recevait un superbe bouquet.

Après la chute de l'Empire, le préfet de Saône-et-Loire transmit à votre grand'mère l'expression de la satisfaction royale, mon père fut nommé président du conseil général et chevalier de la Légion d'honneur.

Trouvez-vous, mes chers enfants, qu'il l'avait bien mérité?

— Oh! oui, répondirent d'une seule voix émue, le frère et la sœur.

SAINT-A... (JURA), 1838

Maintenant, nous sommes en voyage. Nous allons arriver à Saint-A..., une petite ville charmante du Jura, posée à la base de la plus jolie montagne du monde.

C'est là qu'habite la sœur de maman, sa Julie, devenue Mme Émile de L...

Papa nous accompagne, il a deux mois de congé. Nous sommes complètement heureux, car c'est une chose extraordinaire pour nous d'avoir notre père, si souvent absorbé, loin des siens, en Alsace.

Nous devons donner quelques jours à nos parents de Saint-A..., puis retourner à G.., en Bresse, chez nos grands-parents de G..., pour y achever le congé de papa.

Nous nageons dans le bleu, tout est beau, nouveau. Rien de ce qui nous entoure ne ressemble à ce que nous voyons tous les jours. Ce temps d'automne est délicieux, l'été semble comme dompté, les matinées et les soirées sont fraîches, le milieu du jour d'une douceur de température admirable. Ici l'air est pur, léger, le pas de la promenade semble plus élastique, et quand on est arrivé on recommencerait sans aucune fatigue. Puis l'air de la montagne apporte des parfums de serpolet, et j'aime beaucoup l'odeur du serpolet. Enfin, le sourire est sur toutes les lèvres, chacun paraît heureux de nous voir, on nous fait bon visage parce qu'on aime notre famille, et nous en profitons. C'est très agréable...

Mais nous voici arrivés.

Nous nous arrêtons dans la grande rue de Saint-A..., devant la porte massive d'une vieille maison. Papa me soulève dans ses bras, me voilà suspendu à la chaîne de fer de la cloche grave et sonore qui retentit aussitôt dans l'intérieur. Je rougis d'avoir sonné trop fort. Un bruit de sabots clapote dans l'escalier, on accourt avec des exclamations de joie. C'est la vieille Françoise qui nous ouvre.

Mon oncle Émile de L..., ma tante Julie, leur fille Clémentine, viennent nous recevoir; tout le monde s'embrasse. Nos mères se jettent dans les bras l'une de l'autre avec des transports de bonheur.

Ma sœur et moi nous nous tenons très bien, si bien que nous perdons la parole. Pendant ce temps nos parents causent pour eux et pour nous avec une hilarité, une volubilité et un entrain qui excitent notre curiosité et notre contentement.

— Ne restons pas ici, mes amis, dit ma tante Julie, il y fait froid au sortir de la chaleur de la route.

La voûte d'entrée, en effet, est froide, humide et sombre. Vite nous gravissons l'escalier en pierre orné d'une rampe en fer forgé, formée d'arabesques bizarres qui se rejoignent, tout en ayant l'air de se fuir, et nous arrivons dans une grande pièce baignée de lumière, donnant sur un jardin tout panaché de fleurs, aboutissant en plan incliné vers un grand verger; au fond, la montagne, l'incomparable montagne avec ses teintes roses, ses rochers gris suspendus sur des ravines. A sa vue mon cœur bondit d'aise et je dis à ma sœur : Vois donc comme elle est belle!

Pendant ce temps, mon oncle de L... me prend la main, me regarde dans les yeux avec une telle expression de tendresse que je me sens épris de suite d'amitié pour lui...

La glace de l'arrivée se fond comme par enchantement quand, de sa voix si gaie, si sympathique, il me dit :

— Allons voir la cigogne.

Clémentine me regarde avec ses grands yeux observateurs et ne peut s'empêcher de sourire en voyant ma figure illuminée du plaisir que m'a causé la proposition de son père.

— Une cigogne, repris-je, en secouant la main de mon oncle, une cigogne vivante?

— Très vivante, mon cher ami, et pas méchante; elle m'a été donnée par un chasseur qui l'avait blessée à l'aile. Je l'ai guérie, et depuis qu'elle a recouvré la santé elle ne veut plus nous quitter.

Nous voilà dans le domaine de la cigogne : dès qu'elle nous aperçoit, elle pose à terre une patte qu'elle tenait ployée sous elle. Son œil brille de satisfaction à la vue de son maître, elle place d'elle-même sa tête sous la main de mon oncle.

Je m'approche un peu hésitant : la cigogne est aussi grande que moi, elle m'impose; cependant j'ose la caresser sur le dos. Ses plumes grises sont douces comme la soie. Pendant mon innocente caresse, madame la cigogne saisit adroitement de son bec le bout de ma cravate, la dénoue puis pousse un cri guttural de triomphe. J'ai peur, je recule, ma cravate reste au bec de la cigogne et mon oncle éclate de rire et la lui reprend tranquillement.

— Tu vois comme elle défait bien les nœuds. Au même moment arrive essoufflé un enfant de mon âge, blond, long comme une asperge, un peu voûté avec une figure d'oiseau de proie.

— Georges, dit mon oncle au nouveau venu, voici ton cousin Armand, vous allez faire connaissance.

— Vous êtes venu voir cette vilaine bête! mon cousin.

— Pourquoi vilaine? répondit mon oncle; ma pauvre cigogne n'a jamais fait de mal à personne.

— Si elle n'en a pas fait, elle a essayé du moins, répliqua-t-il, elle a cherché à me crever les yeux.

— Tu l'auras taquinée, avoue-le, car elle est entourée d'enfants toute la journée, et aucun n'a encore eu à s'en plaindre.

— Je lui jetais des boulettes de pain en l'air, et comme elle les manquait toujours, je l'ai appelée cruche. Je ne sais si elle a saisi, mais c'est à cet instant qu'elle m'a envoyé un coup de bec.

La maison des parents de Georges de C... était voisine de celle de mon oncle, une voix retentit appelant : Georges! Il prit congé de nous et nous dit : Je reviendrai, au revoir.

Le jardin de mon oncle de L... était tout ce qu'on peut imaginer de plus joli et de plus original, à la mode de ce temps-là, qui ne connaissait guère les corbeilles d'une seule essence ni les gazons anglais.

La maison faisant face à la montagne étendait en avant comme deux bras ses pavillons assez bas, couverts de tuiles à l'italienne. De larges fenêtres carrées avec leur croix de pierre lui donnaient une tournure particulière.

Entre ces deux ailes, une terrasse toujours nette et propre formée de sable de ravine et de fins cailloux de rivière. Au centre, un magnifique triacanthos épineux du Japon, aussi haut que la maison, détachait sur le ciel son ombrage délicat. Le sol de cette terrasse disparaissait sous une profusion de fleurs toutes en pots recouverts de mousse et formant des groupes par espèces.

De capricieux sentiers étaient dessinés par les œillets, les pélargoniums, les géraniums, les azalées et les fuchsias. Les marches de la maison étaient ornées de caisses de grenadiers, de lauriers-roses, de citronnelles et d'orangers.

A partir du moment où le sol inclinait vers le verger, un parterre de marguerites émaillait la descente en rose, en blanc et en violet.

Du milieu de toutes ces merveilleuses nuances, s'élançaient des rosiers de haute tige couverts de roses-thé, dont le suave parfum s'ajoutait à l'éclat des couleurs et complétait ce tout, fait pour charmer les yeux et embaumer l'air.

— Viens voir la seconde curiosité du jardin, me

dit mon oncle pendant que j'admirais les fleurs.

— Est-ce une autre bête aussi gentille?

— Oh! mon ami, ce n'est qu'un danger terrible contre lequel je tiens à te garder dès le premier jour. Il me reprit la main et je marchai prudemment à ses côtés.

— Il y a dans ce jardin, reprit-il, des voûtes souterraines, étranges, vieilles comme la ville, construites sous notre maison depuis un temps bien reculé, car mon père qui est fort âgé les a toujours connues.

Nous y voilà. Regarde ces marches qui descendent dans l'ombre, à leur base roule incessamment une énorme quantité d'eau qui baisse ou monte légèrement sous je ne sais quelle impulsion. D'où vient cette eau? de la montagne probablement. Peut-être sont-ce là d'anciens réservoirs qui alimentaient les fontaines de jadis. Toujours est-il que l'abîme est profond et qu'il n'y faut pas tomber, car on y trouverait une mort affreuse.

— Tu as vu le danger, mon enfant, souviens-toi.

Nous reprenons le chemin de la maison à travers les pélargoniums et les géraniums roses.

— Tu ne m'as pas dit comment tu trouvais ton cousin Georges de C...

— Hum, répondis-je en avançant les lèvres.

— Il est fort intelligent et travailleur.

— Il ne me plaît pas... beaucoup.

— Tu ne le connais pas encore assez, ajouta mon oncle avec son fin sourire; sais-tu que vous êtes cousins très rapprochés?

— Je lui trouve une figure crochue.

Il se mit à rire. — Écoute cette cloche harmonieuse, elle nous appelle, c'est celle du déjeuner.

La cloche sonnait encore quand j'aperçus un vieillard très vénérable descendant l'escalier d'une des ailes de la maison; il s'avance dans le jardin, d'un pas ferme, de notre côté.

— Viens souhaiter le bonjour à mon père, murmura mon oncle.

— Ah! c'est mon neveu Armand, fit le vieillard...

— Bonjour, mon oncle, dis-je, un peu trop bas, intimidé par cette figure sérieuse, austère même.

Je regardais le gravier du jardin, j'écrasais une chenille invisible, ne trouvant pas dans ma timidité un mot à dire.

Ce fut le bon oncle Émile, qui me regardait en souriant, qui sauva tout.

— Nous venons de visiter la cigogne.

— S'est-elle conduite en personne civilisée?

— Elle est gentille, gentille comme un pigeon, m'écriai-je.

— Je vois qu'elle te plaît; sois doux avec elle, vous ferez une paire d'amis.

Un second coup de cloche se fit entendre, mon grand-oncle passa le premier. Nous entrons dans la salle à manger, tout le monde debout attendait le grand-père qui prit sa place.

Une délicieuse odeur de melon, de fraises et de fleurs flattait l'odorat. Le repas fut long, copieux et un peu cérémonieux. Les enfants, dont le babil anime tout, n'osaient ouvrir la bouche, tant ils étaient sages, les grandes personnes s'entreteaient presque à voix basse, et ce silence avait glacé tout le monde. Dans ce temps-là on était peut-être un peu retenu, aujourd'hui n'est-on pas par trop débridé? L'oncle Émile me regardait clignant de l'œil et me souriant en vieille connaissance.

Au dessert, Georges de C... arrive comme un tourbillon.

— Je précède maman qui vient vous voir, dit-il; puis il s'appuie sur le dossier de ma chaise et se met à se balancer. Décidément, ce cousin-là m'était désagréable.

Tout le monde se rend au jardin, dans la serre, on apporte le café.

Je rejoins l'oncle Émile et je lui dis :

— Si nous retournions voir la cigogne?

— Allons, dit-il, en me mettant la main sur l'épaule.

J'avais dans ma poche quelques miettes de pâtisserie, aussi la cigogne fut si contente qu'elle ne pensa pas à dénouer ma cravate, nos épanchements devaient être troublés; l'inévitable cousin Georges survint, faisant tournoyer une petite canne qui fendait l'air en sifflant : la cigogne avait peur et manifestait sa crainte par des cris rauques, elle s'inquiétait et se réfugiait constamment derrière l'oncle Émile.

Maintenant que vous voilà ensemble, je vous laisse, dit l'oncle Émile, entendez-vous bien, et amusez-vous... Ne la taquine pas, ajouta-t-il en s'adressant à Georges.

Peu rassurée, la cigogne gobait timidement mes petits morceaux de gâteau, quand Georges, de son côté, voulut lui jeter un peu de pain. La bête aimait mieux le gâteau, elle n'y toucha pas.

— Vilaine grue, lui dit-il, le pain n'est-il pas assez bon pour toi? et il lui donna dans les pattes un grand coup de baguette... La cigogne pousse un cri de douleur très déchirant.

— Lâche!... criai-je indigné, que t'a-t-elle fait?

— Il était bien plus grand que moi. Un croc-en-jambe m'étendit par terre et je sentis une dégelée de coups de poings tomber de tous côtés ; à mon tour je me cramponnai après lui, je lui arrachai sa collerette, il fut mordu, égratigné, mis dans un triste état, et nous ne nous arrêtâmes qu'à la voix de l'oncle Émile accourant.

— Là... là... comment, Georges, Armand, on se

bat maintenant... et pourquoi? qu'est-il donc arrivé?...

— Il m'a appelé lâche!...

— Il a battu la cigogne!

Armand a eu tort, dit l'oncle et toi aussi, Georges. Mon pauvre Armand, tu vois ce qu'il en coûte quand on vient au secours de l'innocence opprimée.

Vous voilà dans un bel état tous deux : réconciliez-vous et allez retrouver vos mamans.

Le père de mon oncle Émile avait un charmant lévrier couleur isabelle; ce bel animal passait sa vie dans le jardin, en liberté, non loin de la porte du pavillon qu'occupait son maître. Contrairement aux mœurs ordinaires des lévriers, ce chien était aussi fidèle que méchant, et dès qu'on s'approchait de la porte du pavillon il faisait rage...

Le vieillard, toujours plongé dans la lecture d'ouvrages historiques, ou de littérature, car il faisait lui-même l'éducation de sa petite-fille Clémentine, se livrait à ses occupations sous la garde de Ralph; il l'aimait beaucoup, et je crois un peu plus encore parce qu'il n'avait rien de banal et qu'il ne connaissait que son maître. Ce Ralph m'attirait, j'avais roulé dans ma tête le projet de l'apprivoiser par ma douceur et mes attentions. Chaque jour, je me rapprochais de lui davantage, le vieil oncle m'aperçut un jour que je conversais à distance respectueuse avec son chien.

— Fais attention, ne t'approche pas de lui, il te mordra.

J'oubliai bien vite l'avertissement, et le lendemain je fis rouler de son côté une mirabelle que ais gardée dans le but de le charmer définiti- ment. Ralph prit la chose du mauvais côté, t une agression, se jeta sur moi et me mordit. entrai pleurant près de man, qui, pour me conso- me dit que j'étais in- portable et qu'il riverait malheur mon amour pour bêtes. Il est bien de reconnaître était rare de ntrer une aussi e personne que gogne et qu'elle essemblait guère lph.

s quelques jours de notre séjour à Saint-A... èrent comme l'éclair. Un matin je vis tous visages en larmes : il était venu ce cruel mo- t du départ qui déchire les cœurs et qui vient arracher le bonheur de vivre heureux.

a mère et sa sœur Julie s'adoraient, leur vive tion, leur union, leur faisaient appréhender le moment de la séparation, qui fut très dur.

Pendant que se disposait notre départ pour G..., en Bresse, mes parents préparaient les malles et on pleurait : c'était pitié de voir nos pauvres visages. Clémentine s'essuyait les yeux, ma sœur Marie avait une figure de toutes les couleurs et moi je sanglotais; à travers la croix de pierre de la fenêtre, je regardais avidement cette montagne merveilleuse. Ce jour-là elle était toute rose avec des lignes profondes et bleuâtres qui la faisaient plus belle qu'à l'ordinaire. Je demeurais pensif à la considérer en me disant que je ne la verrais plus demain... Que ce séjour m'avait paru court et délicieux!

Cette première visite fit naître en moi le germe d'une affection profonde que je gardai à la famille de maman toute la vie.

Les années suivantes nous revenions à la belle saison, et je revoyais avec un extrême plaisir les amis de mon enfance, mes cousins de D... et même Georges de C..., qui, plus âgé avait un peu adouci ses angles ; son frère était mort en Crimée et leur père, M. de C..., ainsi que leur mère, portaient au cœur un de ces deuils qui durent toujours; Georges lui-même mourut à la fleur de l'âge... Mais nous nous écartons, par les chemins de traverses, nous sommes en route pour G... dans la vieille voiture qui est arrivée pour nous chercher.

C'est un ravissant trajet que celui de Saint-A... à G... Tout le long de la route jusqu'à Cuiseaux, les contre-forts de la chaîne du Jura, de beaux prés, des champs de maïs. Puis la Bresse commence avec ses lignes moins accidentées et ses bois, ses châteaux et ses villages. Sur cette route que nous parcourions le jour du marché de Saint-A..., nous rencontrons toute la population paysanne, les jolies Bressannes avec leurs chapeaux rehaussés d'or, et les colliers de perles d'or. Leur délicieuse figure, leur teint chaud, le brillant du regard, leur costume tout entier, respire son origine espagnole.

Absorbé par la vue de la montagne enveloppée maintenant de nuages diaphanes, qui couraient incertains le long des grands bois de sapins, engourdi par le roulement de la voiture, les yeux à demi fermés, j'étais plongé dans un profond silence. Triste de cette fatigue qui suit des plaisirs nombreux, j'écoutais toujours maman, qui ne pouvait commander à son chagrin : ses larmes ne cessaient de couler et, comme toujours quand elle pleurait, j'étais horriblement malheureux.

— Maman, m'écriai-je tout à coup, mon oncle Émile m'a promis de venir à G... avec ma tante et Clémentine pendant notre séjour.

Maman ne répond pas, elle se penche seulement, ses larmes s'arrêtent, elle me donne un gros baiser.

A Louhans, nous nous arrêtons à l'hôtel Saint-Martin, pour faire souffler le cheval. Ici, les pavés sont pointus comme des galets.

Nous roulons de nouveau; quittant la route royale nous entrons dans un chemin de traverse. Ciel! que d'ornières! que de flaques de boue! la boue rejaillit jusque dans la voiture. Mon Dieu, nous allons arriver crottés comme des barbets! En attendant, nous rions aux éclats.

Sur la gauche, un groupe de platanes majestueux forme comme un grand îlot entourant un château.

Maman nous le montre de la main. — Mes enfants, voilà G..., voilà la maison paternelle.

G....., 1838.

Est-il une plus douce chose que de voir sa maman à son réveil ? C'est cette adorable impression que je ressentis le lendemain dans mon petit lit d'enfant à G...

Maman était penchée sur moi, me couvrait de baisers...

— Tu ne veux donc pas te lever ? mon gros; il est bien tard... Regarde la belle vue,... écoute les oiseaux, vois le beau ciel ensoleillé.

— Germaine, habillez-les...

Les bras enlacés autour du cou de ma mère, je ne veux pas la lâcher et je lui rends ses caresses...

Puis d'un œil chargé de sommeil, ébloui par un soleil étincelant, je promène un long regard la délicieuse pelouse qui s'étend devant nous. qui me charme surtout, ce n'est pas la vue fleurs qui émaillent la prairie, ce ne sont pas beaux arbres qui élèvent dans les airs leur altière, ce ne sont pas les parfums du ca-a, dont les grappes argentées et roses, se ba-cent sur la terrasse, ce sont les oiseaux, qui oule ont entonné leur chant de bonheur et crient de joie dans les arbres. Les caresses maman, le chant des oiseaux, tels sont les venirs de ma première matinée à G...

étais sorti de mon lit, et en chemise, je fai-mes petites réflexions, subitement je me tis de nouveau sous les couvertures, et je le sourd aux appels répétés de ma bonne...

ous les détails de la journée de la veille se re-entent vivement à mon esprit. Je me sens par toutes les larmes versées au départ de t-A... puis nous roulons dans la voiture dou-de maroquin jaune, nous arrivons à G... Quel château!... Toute la maison est là pour nous voir dans la cour. Ce monsieur très laid avec redingote marron et un grand ruban rouge, monsieur dont la figure est si pleine de finesse et de bonté, que cela fait oublier sa laideur, c'est mon grand-père, de G... Cette dame encore bien belle quoique âgée, au port imposant, en robe de soie grise et qui m'embrasse si fort et si longtemps, c'est ma grand'mère de G...; puis nous entrons... Maman parle tant avec ses parents que nous n'avons rien à dire, puis le dîner dans cette vaste salle à manger si haute avec ses tables de service en marbre jaune contourné, puis plus rien, ce qui me fait croire que j'ai dû m'endormir à table. . . . .

. . . .

— Armand, tu n'es pas raisonnable, je vais appeler ton papa; une dernière fois veux-tu te lever, dit Germaine.

Je fais un bond qui me met debout sur mon lit...

— Je voudrais bien voir entrer les oiseaux dans ma chambre... levant les yeux, je regarde curieusement les gravures qui ornent les murs.

C'est le roi Charles Ier, roi d'Angleterre, un roi qui aimait beaucoup les petits chiens, il devait être chasseur... puis une autre chose, la reine d'Angleterre avec une robe qui se tient toute

Je m'approchai de grand-père et j'osai toucher sa canne dans sa main. (Page 68.)

droite, toujours avec des petits chiens à ses pieds, puis des portraits de messieurs avec des habits à collets très hauts et des queues à leur perruque... Je leur tire ma révérence, je les trouve très drôles, il n'y en a pas chez nous, à Altkirch.

A peine étais-je habillé d'une certaine blouse de nankin à la dernière mode, que grand-père entre dans notre chambre ; je le vois encore, il avait toujours sa redingote marron, son pantalon gris, son gilet en piqué jaune, une cravate blanche; d'une main il tenait sa canne à pomme d'or et de l'autre sa tabatière. Il s'assied dans un fauteuil et me jette un long regard tendre, puis il prend lentement une prise de tabac, secoue son jabot de batiste plissée, ôte son chapeau gris et le met sur un guéridon...

Ce bon regard qui m'avait accueilli me rassurait un peu. Cependant je me sentais un vague émoi.

— On dort bien, petit ami, à G..., n'est-ce pas?

— Et puis il y a beaucoup d'oiseaux...

Quand tu seras habillé, viens avec moi, dans le parc, je connais de belles baguettes à couper, et puis, il y a des poissons rouges dans la pièce d'eau. Tu viendras voir le vivier aux brochets...

Quelle perspective! je ne me tenais pas de joie, j'étais conquis. Aussi quand grand-père eut croisé ses jambes l'une sur l'autre, je m'approchai de lui et j'osai toucher sa canne dans sa main, je considérai son visage avenant et doux, et sa perruque un peu fauve à la Titus attira violemment ma curiosité.

— Tu regardes ma perruque... descendons dans mon cabinet; tous les matins, quand tu viendras me dire bonjour, je te donnerai des anis et je te montrerai mes perruques, des blondes, des plus claires et des plus foncées.

Je pensai en moi-même que celle qu'il portait était arrivée à une nuance tout à fait acajou.

Nous descendons ensemble; la main dans la main, pour dire bonjour à grand'mère.

Nous la trouvons dans sa chambre, assise dans sa bergère, une broderie à la main.

— Armand vient vous embrasser, dit grand-père.

— Je m'avance, mais le parquet était tellement ciré, si brillant, que je glisse malencontreusement et que je me prosterne involontairement aux pieds de grand'mère.

— Il vous baise les pieds, dit grand-père en souriant.

Elle éclate de rire, mais bientôt elle reprend son air majestueux de déesse; je l'embrasse, puis elle se contente de dire :

— Vous allez vous promener, profitez bien du beau temps.

— Grand'mère est plus belle que grand-père, me dis-je, elle est même très jolie, mais elle n'a pas son charme.

En tirant la porte sur moi je me disais : — Le séjour a été court, nous allons nous promener à l'aise avec grand-père qui va me faire voir les poissons rouges.

En effet la lourde porte de la maison s'ouvre, avec un bruit de ferrailles rappelant l'entrée des forteresses, et nous sortons enveloppés par les parfums du jardin. Une grande terrasse soigneusement sablée s'étend tout autour du château, qui dresse ses girouettes dans les airs à travers les ombrages des platanes. Deux catalpas géants meublent cette terrasse; la vue d'une vaste pelouse, qui descend insensiblement à la pièce d'eau, repose les yeux par son air frais et ses gazons fleuris.

Une pente douce nous mène à la vieille chapelle enveloppée de lierre. Autre temps, autres mœurs, elle est devenue le magasin aux outils.

Nous continuons l'allée, qui serpente au milieu des sapins du Nord, contourne la pièce d'eau, franchit un pont. Là, grand-père m'arrête, sort de sa poche un peu de mie de pain et la jette à l'eau. Les carpes et les poissons accourent pour profiter du régal. Mon bonheur est tel que je piétine sur le pont. Un coup de nageoire, tous disparaissent, je demeure confus.

— Ne fais pas de bruit, jette des boulettes de pain, ils vont reparaître.

En effet, ils accourent, et je ne puis me lasser de suivre leurs ébats gracieux; leur gourmandise satisfaite, ils continuent d'évoluer sous nos yeux dans leurs courbes capricieuses.

J'aperçois un petit bateau attaché sur la rive aux racines des aulnes.

— Grand-père, vous avez un bien joli bateau.

— Tu feras sa connaissance en compagnie de ton père; n'y monte jamais seul, tu te noierais.

Nous continuons : nous traversons des allées

ombreuses ; le chant des merles et des chardonnerets nous suit partout; par instant, un ramier sauvage s'envole avec de grands battements d'aile; tout est adorable, je m'amuse à l'excès.

Aux approches d'un taillis, grand-père coupe un brin de noisetier bien droit.

— Voilà, me dit-il, de quoi faire une jolie canne pour toi. En effet, il la façonne très adroitement et me l'offre. Je triomphe et l'embrasse, nous cueillons un bouquet pour la chambre de maman et nous revenons par le chemin le plus long, trouvant qu'il est bien trop court.

Cette promenade si paisible et si gentille m'est restée dans la mémoire. Après avoir franchi les mers, toutes les émotions de la vie n'ont pu m'en enlever le souvenir charmant. Aujourd'hui que tous ceux que j'ai aimés et qui étaient réunis avec moi à G... sont couchés dans la tombe, je vois encore les petits poissons rouges se bousculer pour venir manger mon pain.

Grand-père de G... avait invité pour un nombreux dîner de famille tous nos parents d'alentour ; j'étais ravi de penser que mon oncle Émile, ma tante Julie, Clémentine et tous nos amis allaient arriver à G... pour cette solennité. Grand-mère, très affairée, allait de son fruitier à la cuisine, où tout était en l'air. Germaine nous avait habillés avec le plus grand soin de nos plus beaux habits, nous étions très soignés et nous nous trouvions superbes.

La cour était ratissée avec soin ainsi que la terrasse, et les rhododendrons qui l'entouraient lui donnaient un air de fête.

Après les premiers jours de l'arrivée, je m'étais pris d'une véritable amitié pour le vieux Jean, le jardinier de grand-père, je le suivais partout, tenant dans ma main le bout du brancard de sa brouette, et pendant qu'il traînait ses immenses sabots en poussant son fardeau, je trottinais à côté de lui, dans d'interminables causeries. Cet homme aimait les enfants, et j'en profitais largement. Ce jour-là, malgré ses nombreuses occupations, j'avais été le rejoindre, toujours sûr d'être accueilli avec plaisir.

Maman, après m'avoir fait beau, m'avait dit :

— Tu peux aller te promener avec Jean, surtout ne te salis pas.

Jean se rendait au potager escorté de son petit

compagnon. La pensée de l'arrivée de tant de monde ne lui avait rien retiré de son air pacifique et doux.

— Allons cueillir des capucines pour la salade et des fleurs pour la table, monsieur Armand.

— C'est dans le potager, Jean?

— Oui, Monsieur, le long du vivier des brochets; vous ne me quitterez pas, il ne faut pas tomber dedans.

Nous descendons au potager, Jean tenait un panier pour rapporter ses fleurs, j'étais suspendu à sa main calleuse que je balançais en marchant.

Pendant que le bonhomme cueillait consciencieusement sa moisson de capucines, j'étais descendu par le petit sentier qui menait au vivier, que je regardais avec le plus grand intérêt.

— Ne vous approchez pas, monsieur Armand, cria-t-il.

— Non, je reviens.

Cependant une petite grenouille verte s'était

approchée de la rive, et perchée sur un brin d'herbe, elle me regardait avec de grands yeux curieux. La saisir et la rapporter, dans mon mouchoir, à ma sœur, lui faire la surprise de la lâcher dans sa chambre, me parut une entreprise digne d'envie : je me baisse, glisse, et patatras! je tombe à l'eau... la dernière marche de l'escalier était pourrie, elle me suit; comme unique moyen de salut j'aperçois un piquet qui consolidait la marche écroulée, je le saisis, hélas! il était pourri aussi et s'affaisse lentement avec moi. Je pousse des cris déchirants; j'étais perdu, barbotant déjà et perdant absolument la tête quand la main puissante de Jean s'abaisse sur le pauvret en détresse et l'arrache à une mort certaine, à une vilaine mort. Dans quel état j'étais! tout noir de limon, tout couvert de boue et d'herbes, et mon beau costume! j'entendais les voitures qui arrivaient et les voix de tous les invités... Terrifié, je pensai cependant à embrasser mon sauveur en lui disant que je lui devais la vie. Nous remontons ensemble ce sentier qui nous faisait passer forcément devant tout le monde, quelle honte!...

Maman accourut et faillit s'évanouir en apprenant l'aventure, puis j'arrivai enfin dans ma chambre laissant partout les traces de mon passage; ma bonne Germaine eut une forte besogne ce jour-là.

Le dîner fut très gai, mon aventure en fit tous les frais et je fus plaisanté à outrance. Tantôt j'éclatais de rire malgré moi, tantôt je devenais très sérieux et j'avais envie de pleurer. Être le point de mire de l'hilarité de tous finit par me sembler insupportable, et je trouvais que c'était bien pénible de servir de joujou à chacun, quand, au dessert, grand-père fit demander Jean, qui parut avec son bonnet de coton à la main, aux applaudissements de l'assistance tout entière.

— Jean, dit grand-père, tu as sauvé la vie à cet enfant, sans toi il était perdu. Mon ami, je te remercie, je te revaudrai cela.

— Donnez un verre de champagne à mon brave Jean, et nous boirons tous à sa santé.

— Ah! not' Monsieur, répondit Jean, j'ai eu si peur! mais M. Armand c'est comme une anguille.

Rouge de confusion, je me cachai la figure avec mon bras et je fondis en larmes en me réfugiant sur les genoux de maman.

Outre Mastoc, le vénérable carrossier, grand-père possédait aussi une vieille jument de trait qu'on appelait l'Aveugle ou la Grise. Participant aux qualités de l'âne, dont elle avait le courage et la patience, elle broutait d'ordinaire paisiblement sur la pelouse qui s'étendait du château jusqu'à la pièce d'eau. J'allais souvent la visiter et lui donner une caresse, je la trouvais avec des oiseaux perchés sur son dos, ce qui me comblait d'aise. Dès qu'ils me voyaient ils s'envolaient, alors je passais ma main sur les naseaux humides de la Grise et je lui contais mille amabilités, très convaincu que cela devait la rendre plus heureuse.

Elle connaissait ma voix et ne s'effarouchait pas à mon approche; je lui trouvais en cela une supériorité notable sur le grand Mastoc, qui me faisait peur.

Son instinct l'avertissait du voisinage de l'eau; elle la devinait, ne pouvant la voir. Les sauts des grenouilles, les ébats des poissons, développaient chez elle le sentiment prudent qu'il ne fallait pas quitter l'herbage, où rien ne manquait à sa satisfaction. Y avait-elle jamais couru aucun danger? Malheureusement il n'est point de félicité parfaite ici-bas, et la Grise allait l'éprouver.

Par une des plus chaudes journées de l'été, je cours vers le pré, je le traverse en courant de toutes mes forces et je me dirige vers ma chère aveugle. J'aperçois son bridon attaché à la branche d'un aulne. Je ne sais quel esprit malin me suggère l'idée de grimper sur elle. Aussitôt pensé, aussitôt fait. La saisir, lui passer la bride, m'aider d'un banc rustique, pour l'enfourcher, fut l'affaire d'un instant. O bonheur, elle m'obéit docilement! tout joyeux, je me dirige avec elle du côté de la pièce d'eau. Mon œil se fixe sur une berge mourante, là les racines des aulnes, pareilles à de gros serpents, s'entremêlent entre elles, et forment un escalier naturel, l'endroit est tout à fait commode

pour descendre dans l'eau. — Oui, chère Grise, me dis-je, tu vas te baigner; il fait si chaud, cela te fera du bien. Je suis sûr que tu en as besoin et qu'il y a longtemps que tu le désires. Tu reviendras ensuite toute fraîche te sécher sur l'herbe et t'y rouler à ton aise!

Légèrement indécis, au fond, sur le résultat de mon entreprise, j'hésitais un peu à la tenter, et puis, c'était la première fois que du haut d'un cheval je voyais toutes choses; elles me paraissaient bien plus belles vues de cette hauteur. C'était divin de sentir se mouvoir ainsi une bête puissante et soumise, pendant qu'en repos sur son dos on n'avait rien à faire qu'à laisser pendre ses jambes. Nous avions pris le chemin circulaire de la pièce d'eau; la Grise ne manifestait qu'un peu d'étonnement en soufflant bruyamment à droite et à gauche. Elle ne faisait pas l'ombre d'une résistance.

Je sens encore la tiède haleine de cette belle journée d'été. Je vois les boutons d'or semés dans l'herbe verte, j'entends les chardonnerets chanter joyeusement. Je vois l'ombre des chênes et des aulnes se détachant nettement sur les parties ensoleillées. J'arrête ma monture, tout en caressant sa grosse encolure je lui parle!

— Tu es heureuse, n'est-ce pas? fait-il beau, ma grosse cocotte! dans un instant tu te baigneras.

Je casse une branche de noisetier. Avec une cravache elle passera où je voudrai.

Cependant, le tour de la pièce d'eau s'était achevé paisiblement et nous nous retrouvions à l'escalier naturel formé des racines entrelacées. Alors j'excite vivement ma monture : l'innocente, avec une extrême lenteur, descend dans l'eau, mais, à mon étonnement, n'y paraît ressentir aucun plaisir. Elle souffle de terreur, il n'y a pas à s'y tromper. Après avoir fait trois ou quatre pas et s'être enfoncée dans la vase, elle n'ose plus avancer et j'éprouve une peine très vive de m'être lancé dans une aussi triste aventure. J'ai beau crier, essayer de la baguette, l'encourager, rien n'y fait, impossible de la faire bouger; la pauvre aveugle avait peur. Que faire?

Une idée me traverse le cerveau, si j'appelais James, le neveu de Jean, le jardinier, il m'entendrait peut-être, il nous tirerait d'embarras, et me garderait le secret.

— James! James!

Pas de réponse. Quelques instants après j'entends à travers mes battements de cœur précipités le bruit bien connu de sabots courant dans l'allée, c'était James, nous étions sauvés. Il alla d'abord chercher un râteau, saisit la bride, et sa voix familière décida la Grise à sortir du bourbier. Il y avait longtemps que la pièce d'eau n'avait pas été curée. La boue y abondait.

— Vous faites un jeu à vous noyer, monsieur Armand, me dit James.

— Mais il ne nous est rien arrivé, répliquai-je.

— C'est heureux, mais vous avez risqué gros.

— Tu ne diras rien à personne, n'est-ce pas?

— Ce sera difficile à cacher, car la jument aura l'air d'être tombée dans la gouille (1). Je vas toujours la bouchonner. On ne s'apercevra peut-être de rien.

— Ne dis rien, mon bon James, grand-père et grand'mère me gronderaient et cela ferait de la peine à maman.

Au moment si triste de notre départ de G...,

(1) Boue.

C'était James, nous étions sauvés! (Page 80.)

j'aperçus la bonne figure de James qui cherchait vainement, à côté de Jean, à voiler son émotion.

— Adieu, mon bon James, encore adieu, lui dis-je en lui prenant la main.

— Au revoir, monsieur Armand, personne ne vous oubliera à G..., pas même la Grise, ajouta-t-il avec un petit sourire malin.

C'est le soir; dans le lointain j'écoute les clochettes des vaches qui rentrent à l'étable. Tout est sombre. Le château est noyé dans le brouillard qui s'épaissit. Les fenêtres de la vieille demeure flamboient dans les ténèbres comme le regard clair d'un être vivant. Grand'mère m'a permis d'aller chez Jean pendant que grand-père fait sa partie d'échecs avec papa. Tout le monde joue aux dominos, et moi je n'aime pas ce jeu trop tranquille. Les grands bras des sycomores et les feuilles découpées des platanes ne s'aperçoivent plus dans la nuit; tout cela cependant chuchote avec les girouettes, qui ne peuvent s'empêcher de grincer un peu parce qu'elles sont rouillées.

Les bruits de la nuit sont curieux, mille petites bêtes de toutes les espèces chantonnent sous l'herbe et se préparent à dormir. J'ai un peu peur, car [illegible] bien noir.

[illegible] demeuré dans la cour, en face de l'écurie, en arrivant chez lui je trouve un grand feu de sarments qui pétille. Les flammes du foyer inondent son logis d'une lumière gaie. Autour de la cheminée, Mariette, la femme de Jean, Fifine et Joseph, leurs enfants, épluchent des brins de chanvre pour faire des allumettes.

Je cours à Jean, et, aussitôt installé sur ses genoux, je prends part au travail de la veillée.

Mariette est noire comme une taupe, avec des yeux longs comme des pruneaux très grands; ils brillent comme des charbons, elle est méchante, et grogne toujours; les claques retentissent souvent sur les joues de la pauvre Fifine. Joseph, au contraire, a la patte blanche, tout ce qu'il fait est bien fait. Fifine est mon amie et quand Jean n'est pas là je suis toujours avec sa fille, qui est très gentille et très complaisante. Mariette a l'air d'une vieille Espagnole, son regard est inquisiteur; quand elle arrive, sans savoir pourquoi, je détale.

J'avais à peine fait quelques allumettes, et je pre

nais du chanvre pour continuer, quand la porte s'ouvre; c'était ma bonne.

— Viens-tu te coucher, mon gros? Ta sœur dort déjà.

— Je n'ai pas sommeil et je m'amuse beaucoup. Laisse-moi encore cinq minutes.

Germaine s'assied et se chauffe, elle place ses mains ouvertes devant le feu; je remarque que leur ombre sur les rideaux du lit figure très bien des marionnettes.

— Allons, mon petit, dit-elle en se levant avec résolution, il est près de neuf heures. Viens te coucher.

Je soupire profondément, je vais à la table et je grignote une bouchée de pain de maïs.

— Demain, dit Jean, Mariette chauffe le four : il y aura du millet, des poires et de la galette, faudra venir goûter cela, monsieur Armand.

Tout consolé, je crie un bonsoir à tous et je me sauve avec ma bonne.

Ces jours de bonheur touchaient à leur fin. Bien peu de temps après, grand-père nous fit ramener par la traverse verte à la grande route blanche, une diligence s'arrêta et nous emporta dans la direction de Tournus, nous étions en route pour retourner à Altkirch.

Ils nous avaient tous accompagnés à la voiture, ces parents si aimés et si charmants, et la séparation ne fut pas moins cruelle qu'à Saint-A...

Le dernier mot de grand-père fut : A l'année prochaine!... puis il rentra dans la voiture suisse que traînait son vieux Mastoc, un cheval noir immense, jadis très beau, maintenant bien vieux, et qui dans sa jeunesse avait caracolé aux accents des fanfares de 1815.

Tant que je vis les platanes, je restai à la portière; quand ils disparurent, j'étais dans les bras de ma bien-aimée maman, et nos mutuels sanglots étaient étouffés par le roulement sourd des roues et le bruit des grelots.

LE COLLÈGE

8 OCTOBRE 1840

Quelques années passèrent dans cette uniformité douce, sans faits saillants ni chocs, sans douleurs au milieu des joies pures de l'enfance.

Initié seulement au bon et au bien, pénétré de l'idée que ce serait toujours de même, j'entrevoyais la vie comme un tissu magnifique qui devait se dérouler sans cesse devant mes yeux dans la plus riche et la plus infinie des variétés.

Un jour, enthousiasmé par la lecture de Robinson Crusoé, j'avais emporté ce beau livre au grenier, où je m'étais caché. L'heure de l'école sonne en vain. Devenu sourd à tout bruit extérieur, enfoncé dans ma lecture, invisible derrière une caisse surmontée de vieilles bottes à l'écuyère, j'étais dans la cabane de Robinson et je venais de faire la connaissance de Vendredi.

Tout à coup, la voix de mon père m'appelle. Je me hâte de descendre, le cœur battant.

— Pourquoi n'es-tu pas à l'école?

— Que peux-tu faire au grenier?

— Je lisais, j'avais oublié l'heure.

— Cela ne s'oublie pas. Et tu lisais quoi?

— Robinson.

— Tu as vraiment peu de conscience, mon enfant. Tu sais cependant très bien que tu fais mal.

— Tu m'affliges, reprit-il, on te cherche partout, tu inquiètes ta mère. Tu nous rends la tâche impossible. Demain, tu entreras au collège. Ta paresse, tes caprices y passeront. Il est temps pour toi de quitter celle qui te gâte et te passe tes fantaisies.

En disant ces mots, il me tourna le dos et entra chez maman.

Le soir, le dîner fut lugubre; maman avait visiblement pleuré et n'ouvrit pas la bouche. Tous les deux nous voyions passer les plats sans y toucher.

Subitement, sans en attendre la fin, ma mère se lève et je la suis pour faire ma malle.

Aussitôt dans sa chambre, elle me prend dans ses bras, et me couvrant de baisers et de larmes :

— Pauvre petit, pourquoi as-tu mécontenté ton père? nous voici séparés et malheureux, oh! bien malheureux. Pauvre enfant, tu vas savoir ce qu'il en coûte de quitter sa maman. Ah! c'est trop tôt...

Ces paroles font éclater mes larmes, je partage le chagrin de celle que j'aime le plus au monde, lorsque, à mon insu, je sens naître en moi une avide curiosité à la pensée de ma vie nouvelle.

Pendant qu'on préparait mon linge, qu'on cousait un point par-ci, un bouton par-là, je rêvais à ma future vie, tout égaré dans un dédale d'idées qui ne ressemblaient en rien à celles des jours ordinaires et se heurtaient dans ma tête.

Dans quel collège allait-on m'exiler? Bien sûr j'aurais un uniforme. Serais-je loin de mes parents? aurais-je des vacances? — Moi d'ordinaire si confiant, si bavard quand j'étais en tête à tête avec maman, je n'osais parler, demeurant piteux, ému, tout meurtri d'un coup qui nous frappait tous les deux à la fois.

De profonds soupirs m'échappaient, trahissant mon gros chagrin.

Être séparé de maman, quitter la maison, n'était-ce pas une chose impossible?

Trouverais-je quelqu'un qui m'aimerait comme maman?

— Jamais tu ne remplaceras ta maman, me disait une voix intérieure.

Elle ne me trompait pas.

Le lendemain, la maison ressemblait à une maison où la mort va passer. Après avoir reçu le dernier baiser maternel, avoir tenu Azor pressé sur mon cœur, et reçu les adieux désolés de ma sœur, je partis au milieu du chagrin de tous. Près d'un demi-siècle me sépare de ce jour que je n'ai point oublié!

Comme ils aimaient cet enfant fantasque qui n'avait qu'à sourire pour se faire pardonner!

— Surtout, n'oublie jamais Dieu ni ta mère, furent les derniers mots de maman.

Au fond d'une vaste cour, non loin de notre demeure, se voyait, bien au-dessus des maisons, un bâtiment élevé surmonté d'une énorme enseigne sur laquelle on lisait : Messageries Royales.

Là se trouvaient plusieurs diligences; l'une d'elles, tout attelée, allait partir pour Remiremont.

— C'est à Remiremont que nous allons chercher ton collège, dit papa.

Je suis absorbé par la vue des chevaux, ils sont jeunes et vigoureux, et pour en mener cinq, le postillon doit joliment bien conduire.

Mille observations se succèdent avec rapidité dans mon esprit. Nous allons courir comme le vent avec cet attelage, jamais je n'aurai été emporté si vite, nous dépasserons toutes les voitures. Pourquoi Remiremont, au lieu de n'être qu'à seize lieues d'Altkirch, n'était-il pas à deux cents? le voyage eût été bien plus long, les relais bien plus nombreux!

Une voix retentit: — Messieurs, en voiture. Voilà le postillon, il est très brillant avec sa veste galonnée d'argent, ses culottes de peau et ses grandes bottes fortes.

Nous montons dans le coupé. Nous sommes seuls, dis-je à papa.

— Oui, mon enfant, car j'ai retenu le coupé entier.

— Alors, pourquoi maman n'est-elle pas venue avec nous?

— J'ai préféré brusquer le départ pour diminuer la douleur de la séparation.

— Je l'aurais vue au moins jusqu'à la fin.

Mon père ne répondit pas, et de sa plus douce voix : — Es-tu bien, mon ami?

Je remarquai que sa figure avait quitté son extérieur sévère, le son de sa voix était tendre, son regard plongeait dans mes yeux, je sentais qu'il éprouvait de la peine à la pensée de me quitter; alors pourquoi me faire partir?

La vue du brillant postillon et de son fouet vint interrompre et changer la direction de mes pensées. Il s'avança superbe avec lenteur. Saurait-il bien faire claquer ce fouet si long?

Il grimpe sur le siège au-dessus de nos têtes.

— Avez-vous le sac de la poste dit le contrôleur?

— Oui, Monsieur, répond le conducteur agité, interpellé par les voyageurs qui lui parlent tous à la fois.

— La feuille de route est-elle pointée? tous les voyageurs sont-ils présents? continue la grosse voix.

— Oui, Monsieur, tous les voyageurs sont en voiture.

— Bien, partez.

— Postillon, en route! s'écrie le conducteur. Le grand fouet déchire l'air dans une détonation, enveloppe les chevaux, et la lourde voiture s'ébranle. Les chevaux aux croupes luisantes prennent le trot, battant le pavé de leurs pieds sonores. Bien vite nous sommes hors de la ville, les chevaux de tête prennent le galop, les vigoureux timonniers conservent leur trot cadencé, comme de vieux maîtres qui connaissent leur affaire.

Par les larges baies des portières, notre vue s'étend au loin; nous embrassons tout l'ensemble des beautés de la route, unie comme un immense ruban blanc à perte de vue, et dont le gravier craque sous nos roues.

Il est sept heures du matin; l'air emprunte une douceur délicieuse au soleil éblouissant, le ciel est d'un azur très pur, sans nuages; de légères vapeurs seulement planent au loin sur les champs qu'on laboure.

Les soupirs ont cessé, les larmes sont essuyées, le sourire reparaît sur mes lèvres; si j'osais, je chanterais pour accompagner le cliquetis des grelots qu'agitent gaiement en cadence les chevaux lancés dans leur course rapide.

La route varie à tout moment d'aspect. De temps en temps de rudes montées, puis des bois immenses, dont la masse sombre vient trancher sur le ton vert plus clair des prés. Nous descendons de voiture pour gravir une longue côte. Me voilà dans le fossé tapissé d'herbe courte et tendre comme du velours émeraude. J'aperçois quelques petites marguerites bien fraîches. Vite j'en fais un bouquet.

— Voilà pour ma chère maman, dis-je à papa.

Il accueille mes fleurs en souriant, j'en ajoute quelques-unes pour lui; il m'embrasse avec un soupir, et cependant il n'a pas l'air fatigué.

Du sommet de la côte, la vue boisée et montagneuse est ravissante.

Nous arrivons dans une vallée si jolie qu'on voudrait y habiter toujours. Un ruisseau limpide y roule ses ondes bavardes à travers de petits obstacles formés par les pierres, il traverse la route.

J'aperçois un moulin, la roue tourne. Nous franchissons la petite rivière. Oh! pauvres chevaux, avez-vous soif! Ils penchent leurs grosses têtes, aspirant la fraîcheur de l'eau qui s'enfuit, mais subitement le fouet monstre retentit aigu. Ils repartent les jambes rafraîchies et s'éclaboussant jusque dans le dos. Voilà le relais. Avec quelle rapidité les chevaux sont changés! Les nouveaux sont bais. Leur queue est troussée, ils s'impatientent. Le postillon est encore plus jeune que le précédent; tout blond et rose, imberbe, il n'a pas plus de dix-sept ans. Enflammé par des bruits de gosier dont j'admire le houhoulement bizarre, l'attelage s'élance avec une rapidité vertigineuse. Je n'ose parler, car papa s'endort, sa chère figure s'incline sur sa poitrine et son menton vient effleurer ses petits boutons de chemise en turquoises. Je

le regarde avec tendresse : il est beau et bon aussi, comment peut-il me mettre au collège? Y serai-je heureux? Non, assurément. Si je suis malheureux, que deviendrai-je? Si mes parents, sont malades, le saurai-je? Un abîme va donc se creuser entre nous, oh! c'est affreux!...

Je respire si tristement que papa ouvre les yeux, alors il se tourne vers moi et me fait les mille recommandations que son cœur lui dicte. Ma curiosité s'éveille inquiète sur cet avenir si différent de mon passé, et toujours, malgré les distractions du voyage, reviennent ces soupirs profonds et si pénibles, qui s'arrêtent dans ma gorge et qui ne veulent pas passer.

Oh! premiers soucis d'enfant, que vous êtes cuisants et comme vous êtes bien composés des mêmes amertumes que notre âme doit endurer le long de la vie!

Mais voilà Bussang; nous sommes à mi-chemin. On nous apporte des verres d'eau, pure comme le cristal, sortant de la fameuse source.

— Veux-tu y goûter, elle est très agréable, me dit mon père.

— Elle pique très fort, dis-je, j'aime mieux l'eau ordinaire.

Nous roulons de nouveau, franchissant montagnes, vallées, collines, avec nos démons qui vont toujours leur train. Voici trois heures; les premiers faubourgs de Remiremont pointent à l'horizon; nous sommes arrivés. Une fois descendu, je veux jeter un dernier regard sur l'énorme voiture. Elle est toute blanche de poussière, elle a l'air las, exténué. Les chevaux, si fringants naguère, soufflent, à bout de forces et trempés d'écume, la tête pendante, pendant qu'on lave leurs naseaux et leurs jambes...

Mon père brusqua notre séparation.

J'eus à peine le temps d'entrevoir les hautes murailles du collège, de longues fenêtres garnies de barreaux de fer.

Le principal nous reçut avec une obséquiosité d'habitude qui ne changea en rien la situation de mon âme désolée. Mon cœur se fondit tout à fait, quand papa me serra dans ses bras et me dit adieu en me promettant de m'écrire souvent.

— Courage! me dit-il, nous nous reverrons bientôt, nous ne sommes pas loin.

— Embrasse bien pour moi maman.

Il ne put répondre, tout bouleversé. Me faisant un dernier signe d'adieu, il partit, et je me retrouvai dans une cour plantée d'arbres rabougris. Là, jouaient et criaient une centaine d'enfants.

— Tiens, un nouveau! dit une voix nasillarde.

— Allons voir, répondirent les autres, et je me vis entouré de têtes grimaçantes qui me regardaient curieusement comme une bête nouvelle. Mes premières impressions furent déplorables, mes camarades me parurent laids comme des singes, sales, débraillés; leur langage rappelait celui de ces gamins des rues qu'on me recommandait tant de ne pas imiter.

Soudain une série d'interrogations...

— D'où viens-tu?

— D'Altkirch.

— Que fait ton père?

— Il est inspecteur des douanes.

— Tiens, alors, c'est un gabelou.

Je devins écarlate, et lançai un furieux regard sur mon interlocuteur. Malheureusement il était bien plus fort que moi, j'avais l'aspect d'un nain à côté de lui...

— Sais-tu jouer à la mère garuche?

— Non.

— Et aux barres?

— Non plus.

— Tu es par trop godiche.

— Il a l'air bête, le nouveau, dit une voix derrière moi. Viens donc voir, Henry, il a un nez où il pleut dedans.

Au même instant je sens dans mon dos un choc terrible, je pousse un cri de douleur.

— Vlà ce que c'est qu'un renfoncement, dit un gros à la face brutale.

Tous éclatent de rire. Je me sens pâlir de rage, les yeux secs je cherche une pierre pour me défendre; heureusement survient un pion chargé de la récréation: — Pas de rassemblements, dit-il, allez jouer et vite. Ils s'enfuient en criant, sautant, gesticulant comme des fous.

Seul, blême, la respiration courte et haletante, agitant dans ma pensée le souvenir de mon bonheur perdu, je baissai tristement la tête, soumis aux misères du lendemain.

Alors un enfant de mon âge se rapproche de moi. — Il va me parler, me dire encore quelque méchanceté, peut-être. Cependant son visage souriant et bon attire mon attention. Ses yeux noirs, voilés de grands cils, sont d'un charme extrême; il me dit d'une voix très douce :

— Je m'appelle Hadol, les autres viennent de t'ennuyer. N'y fais pas attention. Veux-tu que je sois ton ami?

— Oh ! oui, répondis-je, en lui prenant la main, et mon regard se tourne attendri vers mon sauveur.

O vous qui n'avez point quitté la maison paternelle, vous qui n'avez pas connu les tortures imposées à une nature faible et sensible, vous qui n'avez pas été forcé de vous taire quand vous vouliez parler, à cet âge où la confiance est si naturelle; vous ne savez pas ce que c'est que de courir et jouer par ordre, alors que la croissance s'accompagne d'une vague fatigue. Et la cuisine

Je fis un bouquet de marguerites pour ma chère maman. (Page 98.)

mmonde! Et le pain sec fréquent précisément les urs de grande faim.

Remerciez la Providence qui a voulu vous ou-rir la vie par la porte d'or et d'ivoire, et non par elle de fer.

Peut-être votre humeur égale, votre grâce, votre érénité, vos manières, peut-être même votre onne santé, ont-elles pour origine l'ignorance de tte période aride et redoutable qui s'étend ainsi u'un brouillard sombre sur notre vie, à partir e l'époque néfaste où nous quittons le toit pa-ernel.

Certains trouveront peut-être un peu forcé le bleau que nous retraçons de nos chagrins juvé-ils. Assurément il est des gens heureux partout : ur humeur insouciante et gaie, leur inalté-ble santé leur procure de constantes jouis-nces. Ils ne passent pas leur temps à regretter ur mère ni leur foyer. Doués d'une grande émoire, d'une indifférence plus grande encore, rts en thème, cueillant sans efforts lauriers et mpathie, ils traversent ce temps de prison omme l'oiseau, s'envolant, aussi heureux de rtir qu'ils l'ont été d'entrer. Le petit garçon dont nous retraçons l'enfance n'était malheureusement ni fort en thème, ni appliqué, ni travailleur. Jusqu'à quatorze ans, c'était une chétive nature. Au lieu d'apprendre ses leçons, il rêvait des lieux dont son imagination lui rappelait le souvenir; au lieu de faire ses devoirs, il pleurait sa mère. Parfois, en respirant une fleur, en écoutant le vent mugir, il soulevait en pensée le voile de l'avenir et tombait dans des idées d'un vague infini auquel il prenait un triste goût. C'était un détestable élève et un camarade mélancolique, partant, peu recherché et délaissé par ses camarades.

Le lendemain, quand je me réveille dans un immense dortoir, je ne peux en croire mes yeux, les souvenirs de la veille se représentent vivement à mon esprit et se terminent comme un mauvais rêve. Pour me consoler je pense que j'ai un ami. Hadol est là. C'est certain, à la première récréation j'irai le trouver. A la maison je n'avais qu'Azor, qui ne parlait pas et parfois ne voulait pas jouer.

Nous sommes descendus à l'étude, les quinquets fument, le poêle imite le quinquet, et du dehors un épais brouillard grisaille les fenêtres. Nous sommes tous très absorbés par nos règles, nos crayons et nos plumes, la plupart taillent leurs plumes d'oie barbelée. Il s'ensuit une espèce de petit crépitement qu'interrompt brusquement un dictionnaire qui se referme. — Au total, c'est ennuyeux car personne n'ouvre la bouche. Par une heureuse résistance quelques plumes se mettent à grincer. Mon Dieu, que nous avons des airs endormis! et comme le pion est laid dans sa chaire avec son air maussade et trop gras! Heureusement il y a fin à tout. La cloche sonne, les pupitres claquent tous à la fois. Nous ruant les uns sur les autres, nous voilà dans la cour humide où nous trouvons du pain et l'eau de la fontaine.

Je cherche mon ami Hadol, il est dans le feu du jeu, tout animé et content. Le déranger, l'arracher à son plaisir pour lui apporter ma tristesse, à quoi bon?

Je m'assieds sur un banc de pierre; revenant à ces souvenirs dont le fruit est bien amer, je ne puis m'en empêcher, je pleure.

DÉCEMBRE 1840

Un jeudi, après le repas de midi, nous sortons du collège; il fait froid, depuis plusieurs jours le thermomètre marque 12 degrés au-dessous de zéro. Nous allons patiner sur un plateau où se trouve un beau lac, à une assez grande distance de la ville.

L'air est très pur, seulement il semble qu'on respire des aiguilles; les voitures marchent mal et les gendarmes sont obligés de traîner leurs chevaux par la bride; messieurs les voleurs peuvent faire tranquillement leurs petites affaires.

La longue colonne s'avance comme un grand serpent; ceux qui sont forts ne se tiennent pas de joie, ils ne sentent pas le froid et ne pensent qu'à faire retentir l'acier de leurs patins qui sonnent suspendus à leur ceinture.

Encore sous l'impression de ce froid engourdissant, pas aguerri, je tremble. Peu à peu le grand air, la circulation du sang activée par la marche, raniment les plus chétifs. Tout le monde est content, la gaîté s'établit.

Nous gravissons des sentiers pierreux, de gros rochers gris s'élèvent à notre gauche; à droite, un bois décharné dont les troncs tortueux laissent entrevoir au loin des éclaircies de lumière. Les feuilles gelées craquent sous nos pas, mélangées à la légère couche de neige dont rien n'a encore altéré la blancheur.

— Nous aurons chaud, me dit Hadol, quand nous arriverons au lac. Tu verras comme il est grand et aussi profond. Sa couleur est bleue comme la mer.

— Crois-tu, répondis-je, qu'il soit assez gelé pour porter tant de monde? car nous sommes bien nombreux.

— Je crois bien, il porterait des voitures chargées de pierres; nous y allons presque tous les jours; il n'est jamais rien arrivé.

— Sais-tu patiner? continua Hadol.

— Non.

— Alors, tu sais glisser?

— Oh! oui; à Altkirch, je glissais dans le ruisseau de la cour quand il était pris, pendant l'hiver.

— Moi, je patine; c'est très amusant, mille fois plus que de glisser. Tu devrais apprendre. Si tu veux, je te montrerai.

— Très volontiers.

— On patine en avant, en arrière; on décrit des cercles, même des 8, on part rapide comme l'oiseau pour s'arrêter brusquement, au caprice de sa pensée, c'est très, très amusant.

— Eh bien, Hadol, apprends-moi.

— Ce n'est pas si facile, il faut tomber, se ramasser, ne pas avoir peur, et savoir être patient.

La pensée des chutes ne m'effrayait pas trop, et je me voyais déjà volant gracieusement dans la brume avec Hadol, laissant derrière nous les méchants et nous amusant sans arrière-pensée et sans entraves.

Après avoir monté pendant quelques instants, le lac se découvre; il est immense, il me semble comme une mer. La neige a fouetté inégalement sa surface, et çà et là de légères ondulations dispersées par le vent font étinceler au soleil leurs facettes diamantées. La rive est entourée de grands rochers et de vieux sapins vénérables, blanchis par la couche de neige qui donne à toutes choses un aspect immaculé. Ces arbres séculaires ressemblent à de grands fantômes avec leurs ra-

meaux ployant sous le poids de l'hiver et des ans.

— Où est donc le nouveau? s'écrie une voix en tête de la colonne.

— Est-ce moi qu'on appelle? dis-je à Hadol avec surprise.

— Mais oui, c'est le moniteur Henry.

— Voilà, voilà! m'écriai-je.

— Prends le balai, tu vas balayer une belle glissade.

— Mais je ne sais pas balayer.

— Comment, idiot, tu ne sais pas balayer! Je vous avais bien dit qu'il était bête. Eh bien, approche, tu vas voir comment ça se fait.

En disant ces mots, il saisit un balai apporté par un d'entre nous, le trempe dans la neige, me barbouille la figure, et trace une glissade dans la neige. Droite comme un I, elle ressort en bleu foncé sur la nappe blanche.

— Attention! vous autres, dit-il; prenez le temps de vous suivre, sans cela vous vous ficherez sur le dos ou sur le nez.

Le pion nous regardait d'un air malheureux; cependant, par instant, il ne pouvait s'empêcher de sourire quand une chute baroque venait abattre quelques-uns des glisseurs. Les patineurs s'étaient chaussés, et, comme la surface neigeuse était fort légère, ils trouvaient un champ admirable pour y tracer leurs savantes courbes, ou y développer leur extrême vitesse; parfois on entendait comme un coup de canon sur la glace; c'était une lourde chute faite par un malheureux qui devenait de suite l'objet du rire de tous.

C'était un amusant spectacle, un vrai plaisir que

de voir ces êtres légers coupant la blancheur du fond, et s'entrecroisant dans tous les sens, et je m'attardais, après avoir glissé, à la considérer, quand Hadol m'appela :

— Viens, j'ai trouvé des patins.

Je suis à côté de lui, il me soutient; j'ai l'air d'un chat lâché sur la glace avec des coquilles de noix aux pattes. Je tombe.

— Lâche-moi, lui dis-je; je veux me débrouiller tout seul.

Je tombe, retombe encore, jusqu'à six et sept fois avant de me tenir, puis je fais quelques enjambées. Tout le collège était sur la glace dans la plus grande animation. Tout le monde s'amusait : tout à coup, un immense craquement se fait entendre, et, comme le tonnerre, se perd jusqu'à la rive opposée du lac. La terreur nous prend, et, pauvres moutons, nous nous précipitons les uns sur les autres, nouveau craquement! Le pion s'écrie :

— Divisez-vous!

Tant bien que mal nous nous divisons, mais tous nous revenons sur le plancher des vaches. Le plus empêché, ce fut moi, avec ces maudits patins dont je venais de me servir pour la première fois. Enfin nous sommes autour du lac, sur la bonne terre ferme, et le sang est revenu à nos joues pâlies par l'émotion. Personne ne voulait plus retourner sur la glace.

En revenant, je remercie Hadol de m'avoir appris à patiner.

— C'est la première fois que tu as mis des patins, me répondit-il; peu s'en est fallu que ce ne fût la dernière.

— Vois-tu, lui dis-je, le pion revenant tout seul?

— Et la tête du principal quand il lui aurait dit : Tous noyés!...

Nous éclatons de rire...

Une heure après, autour de vastes plats de navets fumants, couronnés de belles tranches de porc salé tout rose, nous soupons avec un appétit magnifique.

Un jour, pendant la récréation de midi, on me remet une lettre. Je reconnais de suite la belle écriture de mon père! Vite, lisons :

« Mon Armand,

« Je viens t'annoncer une bien triste nouvelle : ta

onne maman de G... n'existe plus. Je ne quitte as ta maman, dont le désespoir est navrant. Je e t'avais rien dit de la maladie de ta mère; elle ient d'avoir une fluxion de poitrine, et c'est n accourant pour la soigner par ces froids terbles, que ta grand'mère a pris une pleurésie ortelle.

« La visite que je comptais te faire se trouve etardée. En attendant, cher enfant, sois bien sage t reçois les baisers

« de ton père et meilleur ami.

J.

« Rassure-toi sur la santé de ta mère; elle est auvée.. »

Je reste hébété, comme foudroyé, ma lettre à la ain, avec un gros poids sur le cœur. Les larmes iennent enfin soulager le chagrin qui m'oppresse. omment, maman a été si mal! Papa m'a tout aché. Elle était malade et je n'étais pas là! Je n'ai u la consoler, l'embrasser. Bien sûr elle m'appelait, elle pensait à moi! Et les sanglots se succédaient sans interruption.

Appuyé contre un arbre, je m'abandonne à

l'excès de ma douleur, quand passe auprès de mo Henry, le moniteur.

— Ce crétin-là pleure toujours.

— J'en ai bien le droit, dis-je d'un air furieux, on peut bien pleurer sa grand'mère, peut-être.

— Ça vaut encore mieux que si c'était ta mère, répliqua-t-il, en me tournant le dos.

Cette réflexion cruelle me rappelle à la réalité. Il a raison, me dis-je, si c'était maman! Et je m'ef force, mais en vain, d'éloigner cette horribl pensée.

Quelques mois après, les vacances me ramènent à la maison. Après les premières émotions du re tour, j'entends des observations sur mes mau vaises manières, sur mon langage, sur ma tenue qui est déplorable. Il est plus que temps, dit mon père, d'élever son esprit, d'épanouir son intelli gence laissés en jachère.

Ma destinée va se décider. M'enverra-t-on à Fri bourg, en Suisse, chez les Pères jésuites? Choisira t-on Juilly, le collège en vogue, situé en rase cam pagne, à quelques lieues de Paris? Enfin la déter mination est prise. Je partirai pour Juilly. Au mois d'octobre 1841, le bambin de onze ans, recom mandé au conducteur, est placé dans une grosse diligence, et, trois jours après, franchit le portail monumental de l'ancienne abbaye de Juilly.

JUILLY, 1841

En arrivant, je me sens enveloppé d'une humidité glaciale. Le vieux monastère s'offre à mes yeux sous un aspect grandiose et fantastique, éclairé par la lune dans certains côtés, laissé dans l'ombre crue et dure dans d'autres. De hauts soubassements supportant des murailles ressemblent aux avancées d'un château fort. Le faîte aigu des pignons de la chapelle évoque le souvenir du cloître et de la prière. Du fond du parc, les arbres séculaires projettent dans des éclaircies leur masse sombre et nous envoient des odeurs de mousse et de bois humides.

Nous descendons à peine de voiture, qu'aussitôt un prêtre s'avance. Sa figure très jeune est encadrée de cheveux d'un blond doré. Ses yeux grands et bleus respirent la loyauté. Je me sens réchauffé par son beau regard.

A travers une longue suite d'escaliers très hauts

et très larges, et de corridors sans fin, éclairés seulement de loin en loin par la tremblante lueur d'une lampe pareille à celle des églises, nous traversons des cours, puis des préaux aux colonnes grêles accolées les unes aux autres. Enfin nous arrivons au réfectoire. Je me sens tout petit dans cette salle immense d'une hauteur majestueuse.

Au milieu du plus grand panneau, un christ; plus bas la chaire du lecteur.

Une table, accompagnée de bancs sans dossiers, tient tout le milieu de la pièce dallée en pierre.

Le prêtre se découvre et prononce le *Benedicite* lentement, les yeux élevés vers le crucifix. Je ressens une douceur étrange à entendre notre jeune maître appeler sur ce premier repas la bénédiction céleste. Ce soir-là, il nous fut permis de causer, et notre ramage retentit sous les voûtes.

Peu à peu, pendant notre souper, arrivent les Directeur, Censeur, aumôniers et professeurs. La joie, l'affection la plus franche se manifestent; les anciens se lèvent pour embrasser leurs maîtres ou plutôt leurs amis. On se retrouve comme en famille, on rit; et quand je vois tous les visages épanouis, moi-même, inconnu, étranger, j'éprouve un sentiment tout nouveau pour moi, la confiance.

Le repas fini, courte action de grâces.

Voici ces prêtres agenouillés devant le christ, nous offrant l'exemple de la prière, remerciant Dieu de leur avoir rendu leurs enfants.

En rang, en silence, militairement, nous traversons de nouveau les dédales de tout à l'heure pour nous rendre au dortoir des petits. Soixante lits occupés. — Au dehors règne le grand silence des champs, à peine troublé par l'aboiement lointain d'un chien du village. — Je me sens heureux dans cette douce atmosphère. De mon lit je vois briller les étoiles, nuls rideaux n'entourent nos lits. A peine couché, une grande ombre noire s'approche de mon lit, se penche sur moi en souriant comme pour me rassurer, trace sur mon front un petit signe de croix, et me dit tout bas : « Cher enfant, n'oublie pas ta prière. »

Vers 1839, il n'était bruit à l'université de Strasbourg que d'un jeune et célèbre professeur de philosophie nommé Louis Bautain, qui subitement, avait embrassé la prêtrise, entraînant à sa suite les plus distingués de ses élèves. L'irrésistible influence du maître avait converti des israélites, arraché des médecins à leur clientèle, des avocats au barreau et des magistrats à leur carrière. Tous étaient venus se vouer au sacerdoce et à l'enseignement de la jeunesse catholique (1).

L'école nouvelle s'établit d'abord à Strasbourg, avec le plus grand succès. Le local provisoire devint rapidement insuffisant pour le nombre grandissant de ses nouveaux élèves. Certains membres de la nouvelle communauté possédaient de grandes fortunes. Ils n'hésitèrent pas à se rendre acquéreurs du collège de Juilly, alors à vendre avec son parc magnifique. La situation était excellente à quelques lieues de Paris.

Jadis l'académie de Juilly avait été illustrée comme maison d'éducation par les Oratoriens. Les prêtres de Saint-Louis, leur supérieur Bautain à leur tête, prétendaient, à leur tour, continuer la lignée interrompue des illustres professeurs auxquels avait été confiée, dans les siècles passés, la fleur de la société française.

Un soir, le Directeur, l'abbé Carl, passa par nos études; c'était un homme d'une taille assez

(1) M. Bautain avait réuni autour de lui la Société de Saint-Louis, composée de ses nouveaux disciples, tous prêtres. MM. Carl, de Bonnechose, de Régny, le baron de Reinach, Jules Level, Nestor Level, Goscheler et Mertian. La baronne de Vaux dirigeait les sœurs de Saint-Louis.

élevée, boiteux et borgne; malgré tout, un grand air. Son œil unique, doux, calme et d'une profondeur extrême, nous tenait sous son regard avec un pouvoir très grand. Soumis à cette puissante attraction, nous étions suspendus à ses lèvres avant qu'il eût parlé. Je n'ai jamais plus rencontré dans le cours de ma vie aucun orateur de ce talent. Son souvenir ne m'a plus quitté; c'est resté l'idéal du genre dans ses instructions, toutes marquées au coin d'une sensibilité et d'une élévation extraordinaires.

— Mes enfants, nous dit-il, je commence ce soir mes instructions de l'Avent à la chapelle Sainte-Geneviève. Je vous demande de m'écouter avec attention, et si Dieu permet que je vous touche, nous le remercierons tous ensemble, le grand jour de Noël.

Le son de sa voix était très mélodieux, jamais je n'avais entendu un accent si étrange et si bien timbré; mon admiration se peignait dans mes traits, car mon voisin Guillaume, un ancien, me dit :

— Tu n'as jamais entendu le Père Carl?

— Non, jamais.

— Tu le jugeras ce soir... C'est un grand orateur ; on peut dire sublime.

Réunis dans la chapelle Sainte-Geneviève, la vieille chapelle gothique où les religieux ve-

naient dire leurs chants nocturnes au temps des siècles passés, nous sommes absorbés dans une religieuse attention. Chacune des stalles, en vieux chêne noirci par le temps, formant le tour du chœur, est occupée par nos maîtres revêtus de surplis blancs, coiffés de la toque romaine. Nous occupons tous les bancs formant le fond de la nef.

Les accords de l'orgue éclatent et préparent une mélodie céleste dans un chant calme et doux; bientôt l'artiste reprend, réunissant toutes les forces de son instrument, et déchaîne une vraie tempête d'harmonie. Le même chant si pur, dit tout à l'heure par une seule voix, reprend, redit par l'assistance entière dans un entraînant et mâle unisson... Je me sens ému, mon cœur tremble, mes yeux sont humides; je voudrais, moi aussi, chanter, l'émotion m'étouffe, je prie.

Le Père Carl apparaît, s'assied dans un fauteuil placé en avant de l'autel; il darde sur nous son œil lumineux, fait un grand signe de croix et commence. Dans une phrase il expose son sujet, puis il entre dans le fond de son discours, le traite avec la plus chaude et persuasive éloquence, avec des déductions limpides, passant des élévations du sentiment aux sublimités de la pensée; puis, quand il a imprimé l'élan aux esprits, il saisit les cœurs, les touche, les brise et finit par déposer en nous une parcelle du feu divin qui le consume.

Comparativement à la vie de Remiremont, l'existence de Juilly me paraissait presque agréable. Certains côtés scolaires m'asservissaient toujours; les offices religieux du moins m'apportaient une profonde consolation. Là, je trouvais des impressions neuves et charmantes. Nos offices étaient célébrés avec une pompe magnifique et, à leur suite, nous entendions tour à tour nos maîtres si intéressants :

.... Intentique ora tenebant.

Ils ouvraient nos intelligences, les élevant, leur apprenant l'admiration et le respect de la morale évangélique, et cherchant sans cesse de toutes leurs forces à faire naître en nous l'amour de la vertu. Ah! c'étaient de vrais apôtres du Christ! Aujourd'hui qu'ils sont tous dans un monde meilleur, nous leur devons ce témoignage qu'ils n'ont cessé de s'efforcer de faire, de cette jeunesse qui leur était confiée, une jeunesse chrétienne et française! Honneur à eux!...

Il est une figure imposante que je désire retra-er, parce qu'elle tenait une place capitale parmi lles qui m'étaient sympathiques au collège.

C'est de la baronne de aux, supérieure des urs de charité de Saint-uis, dont je veux parler.

En même temps qu'il ait fondé la congréga-n des prêtres de Saint-uis, l'abbé Bautain ait aussi créé la communauté des sœurs du me nom, destinée à poursuivre le même but : ucation chrétienne. Cette dernière associa- devait fournir au collège des infirmières, lingères, des sœurs chargées de la cuisine de tous les labeurs que nécessitait l'aggloméon de religieux et de religieuses rangés sous direction du supérieur général.

ais, pour diriger ces religieuses, il fal- une personne d'une haute intelligence, forte tête, en somme, une femme douée qualités exceptionnelles, et le supérieur prêtres de Saint-Louis avait eu le bonheur providentiel de la rencontrer en Mme de Vaux.

Cette femme quittait le monde; elle venait d'être convertie par M. l'abbé Bautain, après la mort de son mari, chef d'escadron de cavalerie. C'est alors qu'il lui offrit une place d'honneur dans la mission de dévouement qu'il s'était proposée. Elle accepta sans hésitation.

Agée d'environ quarante ans, quand je la connus, en 1841, elle était belle encore; elle tenait de sa mère, Mme Tallien, qui passait à raison pour une des plus jolies personnes de son temps.

Mariée fort jeune au brillant officier dont elle portait le nom, elle avait vécu depuis son mariage dans le milieu le plus raffiné et le plus luxueux, ce qui n'avait rien changé à ses habitudes de première jeunesse.

La jeune baronne de Vaux, recherchée autant qu'adulée, à la cour du roi Charles X, était citée parmi les reines de la mode de ce temps joyeux. Aussi personne ne voulut croire à la conversion de la fille de Mme Tallien, dont les succès avaient été si éclatants et avaient fait tant de bruit. Elle reviendra, disait-on! — Mais elle ne devait pas revenir, et celle qui avait été si élégante, montait dans sa robe de bure, son crucifix sur la poitrine.

Dans le temps où M. de Vaux était en garnison à Besançon, mon père, alors inspecteur de la ligne spéciale de son administration, était lui-même dans cette ville. Ces messieurs étaient en relations fort agréables. Mme de Vaux et ma mère se rencontrèrent à leur tour, aux réceptions du cardinal prince de Rohan, archevêque de Besançon. Ces dames s'étaient plu; de là une intimité qui avait duré, et dont elles se souvenaient toutes deux avec le plus grand charme.

C'est chez ce même cardinal, très accueillant, plein d'urbanité, que se rencontrait la meilleure société de la ville et de la province. M. de Bonnechose, alors avocat général, en était un hôte assidu ainsi que M. Goscheler, alors jeune professeur de philosophie, destiné à devenir censeur à Juilly.

M. de Bonnechose n'aurait-il pas été bien surpris si on lui eût dit qu'il était destiné à abandonner sa robe rouge, pour revêtir un jour la simarre de cardinal de Rouen?

Je laisse à penser quelle joie et quelle satisfaction ressentaient les deux amies quand elles se trouvaient par hasard réunies à Juilly et quelle longues conversations elles faisaient ensemb se remémorant tous leurs souvenirs.

Mme de Vaux exerçait son autorité suprê sur sa nombreuse communauté avec une dés volture fort aisée, elle avait le commandem inné, elle ressemblait à une véritable abbesse. majesté naturelle, tenant à ses manières, et à conformation de ses traits pleins de noblesse de dignité, ajoutait beaucoup au prestige qu'e exerçait sur ses religieuses, admirablement e pressées, pieuses et dociles.

Une des choses qui devaient le plus impr sionner les bonnes sœurs, c'était le respect et déférence qu'à Juilly, supérieur, prêtres, prof seurs, laïques, ecclésiastiques et élèves tém gnaient indistinctement à la baronne de Vaux.

Tout le monde lui avait conservé son nom son titre : il était porté du reste, avec un natu extrême, et personne n'eût été tenté de confond Mme de Vaux avec une de ses religieuses, qu on la rencontrait, en cornette blanche, et robe noire, son gros chapelet au côté, avec trousseau de clefs formidables de l'autre, arp

Ce maestro fantasque ne vivait que dans un monde idéal. (Page 136.)

tant d'un pas accéléré les corridors du collège.

C'était une chose bien heureuse pour nos estomacs que Mme de Vaux fût chargée de la haute direction de la nourriture au collège. — Elle a eu le mérite apprécié par tout le monde de nous faire nourrir sainement et avec une propreté réelle, pendant les années où la cuisine dépendait de son autorité.

Les jours de gala, les grands jours de fête, la table de Juilly était véritablement très bonne et ressemblait à une honnête table de bourgeois amateurs du confort.

Chère bonne Mme de Vaux, elle savait si bien qu'à notre âge si tendre, on grandit et l'on a toujours faim!

— Ces enfants sont loin de leurs mamans, disait-elle, j'ai une ambition. Avoir une ambition, c'est bien charnel, j'avoue cependant que je l'ai; la voici : je veux qu'ils soient dans le vrai quand ils me nomment la mère de Vaux.

D'autres professeurs laïques apportaient leur concours distingué à l'œuvre commune.

Parmi eux émergeait notre maître de chapelle,

M. Scheffer. Son extérieur était assez original et bizarre. Très grand, d'une figure assez belle, avec un teint sépia rappelant celui des Tziganes, il avait des yeux très doux, bien que noirs, souvent voilés dans leurs profondes orbites. Sa chevelure, noire aussi et ondulée, ressemblait à une crinière de lion; sa bouche, d'un arc parfait, était surmontée d'une moustache soyeuse; des mains solides et nerveuses étaient attachées à ses bras très longs. Ce maestro fantasque ne vivait à l'ordinaire que dans un monde idéal. Il rêvait de musique le jour et passait une partie de ses nuits à composer. — Les leçons de piano terminées, on le voyait prendre le chemin du parc et là, par tous les temps, même par la tempête, il interrogeait la nature, en recueillait les secrets et préparait sans doute au profond de son âme les germes qui devaient éclore dans ses admirables improvisations à la chapelle.

Il me rencontre un jour :

— Bonjour petit.

Je le regarde avec de grands yeux étonnés; il ne parlait jamais à personne.

— Aimes-tu la musique?

— Oui, Monsieur, beaucoup.

— C'est bien, très bien. Tu chantes. Je t'ai entendu hier. Aimerais-tu chanter à l'église?

— Oui, Monsieur.

— Viens me trouver demain matin, je m'occuperai de toi.

— J'irai; merci, Monsieur.

C'est ainsi que je fis sa connaissance.

Quelque temps après il n'était bruit au collège que d'un petit, doué d'une voix extraordinaire. paraît que tout s'y trouvait, pureté, force, étendue. Dans cet organe ravissant, au dire des artistes, se rencontrait un charme plus grand encore que celui qu'exerce d'ordinaire une voix de femme. Aussi quelle trouvaille pour le bon M. Schef-fer: il était au comble de ses vœux, mais il savait bien, hélas! que pareil instrument est bien éphémère. C'est pour cela peut-être que la nature s'est plu à donner tant de charmes à ce qui doit durer si peu. Les trop courtes années pendant lesquelles je chantai à l'église restèrent un de mes plus doux souvenirs. Dans mes soli je pus imaginer les ivresses du comédien sur une plus vaste scène; caché derrière mon rideau, soutenu par un admirable accompagnateur dont le regard commandait à mon émotion, j'ai éprouvé un sentiment de véritable extase musicale en chantant les plus beaux de nos chants catholiques. Un jour un rhume me prit et emporta ma voix, personne ne vint plus de Paris pour entendre le petit.

JUILLY, 1842

Pourquoi, certain mardi gras, Juilly se trouvait-il affairé, comme transformé?

Chose incroyable, un envoi de Babin, le costumier de théâtre, avait pénétré dans l'austère maison. Le censeur lui-même, M. Goscheler, procédait au déballage, qui se faisait sous ses yeux. Les futurs acteurs, parmi lesquels je me trouvais, jubilaient, ne se tenant pas d'aise à la vue des costumes Louis XV, des perruques, des turbans, des cimeterres, des épées.

Toute cette défroque allait trouver son emploi dans la soirée; nous allions représenter :

LE BOURGEOIS GENTILHOMME,

ET

L'OURS ET LE PACHA.

Tous les élèves étaient à la promenade pend que la troupe répétait. Le plus spirituel et le pl fin des abbés, M. Goscheler, déguisé en régisse préparait la scène.

— Comment, disait-il à l'un, c'est ainsi que portes ton chapeau! prends-moi donc un air tou fait élégant, jette-moi cela galamment sous bras, — tiens, regarde, et il indiquait le geste, notre grande hilarité.

— Et toi, tu tiens ta canne comme un cierg vertubleu! nous ne sommes pas à l'église. dresse ta perruque..... pèse un peu de la m gauche sur la poignée de ton épée...

Mais voici la salle éclairée, étincelante aut qu'elle pouvait l'être à la clarté des quinque Les musiciens, tous vêtus en seigneurs, se press contre la rampe.

Sur le premier rang du public, viennent s' seoir, sur de beaux fauteuils rouges, M. B tain, à ses côtés MM. Carl et de Bonnechose; de rière eux se groupe par divisions tout le coll avec nos maîtres. L'entrée des portes est gar de tous les domestiques; à travers l'entre-bâil ment d'une porte je distingue la cornette blanche de Mme de Vaux.

Les trois coups traditionnels se font entendre, la toile se lève, la pièce commence. A mesure que s'approchait mon entrée je sentais les battements de mon cœur s'accélérer, et je me demandais, non sans inquiétude, si ma timidité tout effarouchée n'allait pas me jouer quelque mauvais tour.

Enfin, le moment venu, une main amie, celle de M. Scheffer, se pose sur mon épaule et je fais mon entrée en perruque poudrée à frimas, en habit de couleur tendre, d'une soie gorge de pigeon, relevé de boutons d'acier; en gilet de satin blanc brodé, orné d'un jabot de dentelles; mes bas de soie blancs et mon épée passée en verrou me comblaient d'aise; seulement l'épée se mettait à chaque instant de travers et menaçait de me faire tomber, ce qui eût été un vrai désastre.

M. Scheffer, vêtu lui-même en seigneur plus sérieux, me tenant toujours par la main, se met au piano, et, après une ritournelle trop courte au gré de mon émotion, je commence la romance des Hirondelles, et l'achève au milieu des applaudissements : on bisse avec énergie, elle se termine au milieu d'une salve à faire écrouler la salle. Pour la première fois je m'entendais applaudir ainsi. Savourant une satisfaction inconnue, je connus alors le doux et dangereux chatouillement de l'orgueil; malgré tout, je n'étais pas content, me sentant bien défectueux, je sentais que j'aurais pu dire mieux encore; mon tremblement commençait à se passer quand les cris : — Encore! encore! mêlés aux applaudissements, éclatent de toute part. M. Scheffer vient me chercher dans la coulisse où je me cachais, il se remet au piano. Rouge comme une pivoine, je reprends mon dernier couplet; mais, chose étrange, soutenu, emporté par le fluide sympathique qui m'enveloppe et me soulève, je sens que je n'ai plus peur, je donne tout ce que je peux donner, je chante avec une vraie passion, pour faire plaisir à tous et à moi-même, et mieux, bien mieux qu'avant.

A la dernière note de mon air, la tempête d'acclamations et les applaudissements prend des proportions sans nom; ébahi d'un tel succès auquel je ne puis croire, je sens les grands bras de M. Scheffer me presser contre lui, il m'embrasse; puis le supérieur, puis M. Carl, et bien d'autres; je m'esquive dans la coulisse, on me rappelle à tue-tête. M. Scheffer me pousse sur la scène en me disant : — Surtout, petit, salue bien.

Oh! que j'eusse été heureux, en ce moment, si une bonne fée avait pu échanger tous ces baisers contre celui de maman!

La comédie terminée, toute l'assistance prend le chemin du dortoir. Les acteurs, accompagnés de leurs maîtres, descendent à la salle à manger des étrangers. On a voulu nous faire garder nos costumes. Rien de curieux comme cette mascarade faisant honneur à un très bon souper arrosé d'un peu de champagne. Nous l'avions bien gagné. Une heure après, nous déposons nos paillettes et nous rejoignons nos camarades déjà plongés dans le plus profond sommeil. Était-ce le champagne ou une autre griserie? Je ne pus dormir, ce soir-là, et il me sembla que je venais seulement de fermer les yeux quand la cloche du lever retentit à mes oreilles.

1843. — Quelques jours plus tard, nous sommes

à la grand'messe, il fait froid; le son de la cloche, si argentin d'ordinaire, se perd étouffé par les couches épaisses de neige répandues sur la terre. Les grands arbres voisins dans le fond du paysage ressemblent à des figuiers multipliants glacés tout à coup par une baguette magique. La nature règne dans sa beauté d'hiver malgré les frimas et par eux. Des perles diaphanes attachées aux branches des arbrisseaux, des panaches éblouissants de blancheur suspendus à ces joyaux d'un jour forment un ensemble inaccoutumé et féerique.

Un dominicain, le père Lacordaire, monte en chaire. Cet orateur chrétien doit laisser pendant son passage et après lui une longue traînée de lumière. — Je ne me souviens plus de ce qu'il nous dit. Assurément ce devait être remarquable et beau, mais mes treize ans n'y comprennent pas grand'chose. — Il ne s'adresse qu'à notre raison. On dirait ses paroles faites pour des incrédules. Nous, incrédules!... Ah! simples cœurs, nous avons la foi du charbonnier avant tout. Point n'est besoin de sa dialectique pour nous convaincre; n'est-ce pas saint Thomas d'Aquin qui disai que *Ave Maria* d'une pauvre femme arrivait pl sûrement au trône de Dieu que les méditation abstraites? Le P. Lacordaire, habitué à ses conférences de Notre-Dame, suit malgré lui sa lig accoutumée. Son discours est démonstratif et fo abstrait.

Il nous laisse froids. Nous ne pouvons no empêcher d'établir une comparaison entre not grand Père Carl et lui. Il y perd. Son habit d dominicain est bien beau, certes. Mais pourqu regardons-nous son costume au lieu de l'écoute

A la fin de l'hiver, un gros rhume emporta m voix, avec les feuilles éphémères; la tristesse q j'en éprouvai fut extrême. M. Scheffer partag mon chagrin.

Saisi d'une invincible tristesse, ayant perdu goût de toutes les choses que j'aimais, j'exci presque sans le vouloir, l'ineffable pitié de ce de mes maîtres qui comprirent ma douleur d'enfant. Ces bonnes âmes rivalisèrent de bonté, et p à peu, pendant qu'ils me consolaient, j'eus le bonheur de conquérir leur affection, à tel point q ma vie se passa en leur charmante compagnie pendant le temps qui n'était point donné aux obligations forcées de la règle.

L'abbé Goscheler, censeur et professeur de philosophie, ne me voyait jamais passer devant la porte vitrée de son cabinet sans me faire un petit signe d'appel.

— Bonjour, petit, et la musique?

— Hélas, Monsieur!

— Ce n'est point une réponse, mon enfant, que fais-tu de bon?

— Je subis des leçons de violon.

— Pourquoi dis-tu : Je subis? M. Seghers est un artiste de mérite.

— Oui, mais je ne l'intéresse pas.

— Qu'en sais-tu?

— Cela se sent.

— Et qui t'empêcherait de faire naître cet intérêt?

— Je ne sais.

— Ainsi tu crois que le bon Dieu va deux fois de suite, sans efforts nouveaux, te combler de dons merveilleux, rien que pour te faire plaisir?

— S'il voulait.

— Il voudra, mais après un labeur obstin
tu as dans les mains un instrument admirab
le violon.

— Oui, mais je ne chanterai plus.

— Qui sait?

— Et puis ce sera si long, tandis qu'avec
voix...

— Cher enfant, tu es injuste. Au lieu de rem
cier Dieu, tu te plains. Fais acte de volonté, travail
un jour viendra où tu recevras ta récompen
ton violon sera ton ami pour la vie. Tiens,
garde ceci, ajouta-t-il en me montrant un m
nuscrit, tu vois que je prêche par l'exemple, m
aussi je travaille; voici un recueil des lettres
mon compatriote Volfgang Mozart; je préten
un jour les publier, en faire un livre. Si tu t
vailles, je te promets que tu liras mon manusc

— Que vous êtes bon, Monsieur, merci.

— Console-toi, viens me voir, nous causer

— Merci; adieu, Monsieur.

— Encore un mot, j'entends que tu fasses
conquête de M. Seghers, je lui parlerai de t
travaille, tu réussiras.

— Merci encore de toutes vos bontés.

ce jour, le violon occupa tous mes loisirs, nt pour satisfaire mon goût de musique que suivre l'avis de M. Goscheler. Ah! je veux, pensais-je, tellement travailler, qu'il faudra que j'arrive. Et déjà je m'entends phrasant avec M. Scheffer un de ces andantes grandioses que je chantais si facilement.

Mais le succès ne devait point deux fois couronner mes efforts. Il est vrai de dire M. Seghers était bien loin d'être un Scheffer u'il aimait trop son jardin.

JUILLY, 13 JUIN 1843

Les lilas embaument l'air, le parc retentit du chant des merles et des ramiers; Juilly, verdoyant et fleuri, n'a rien que de beau.

Nous sommes à la chapelle du parc; nos maîtres portent sur leurs visages un grand attendrissement, un recueillement profond. Ames innocentes et pures, nous formons autour d'eux la cohorte de la première communion.

J'en appelle aux souvenirs de ceux qui ont gardé cette solennité présente à leur cœur, est-il un jour plus émouvant que celui-là? Est-il une minute dans la vie où l'on se sente plus près du cœur de Dieu? Quand les années et les regrets, quand ces blessures de l'âme qui ne se ferment jamais reviennent à notre mémoire, un éclair traverse au même instant notre pensée : c'est le souvenir de notre première communion.

La veille, M. de R..., dans ses entretiens familiers avec moi, me disait :

— Armand, veux-tu que je te fasse connaître la manière de plaire à Dieu?

Surpris de la question, j'ouvrais des yeux interrogateurs.

— Tu cherches en vain! C'est bien simple, va : Plaire aux autres, s'oublier soi.

Quelle belle manière de plaire à Dieu! C'était celle qu'avait trouvée l'abbé de R..., et il donnait l'exemple, le plus doux et le meilleur des hommes.

Quelques semaines plus tard, le printemps, les parfums capiteux des foins coupés et les senteurs du parc m'avaient comme troublé. Je sentais les forces et la vie affluer dans mon cœur, et ma tête d'adolescent s'émotionnait sous l'effet de ces sensations jusqu'alors inconnues. Malgré moi, un changement s'opérait dans la direction de mes pensées. Devenu incapable de travail et d'application, je me laissais de nouveau entraîner à des hallucinations bien stériles. Je partais en voyage, pour des pays étranges; les obstacles se dressai[illegible] effrayants devant moi, puis c'étaient des plaisi[illegible] des étourdissements très vifs qui me laissaie[illegible] ensuite dans la tristesse et l'amertume. Qua[illegible] je revenais, après ces songes creux, à la réali[illegible], elle me paraissait inacceptable et je prenais [illegible] affreux dégoût du collège. Je regardais alors [illegible] deux camarades d'études avec des regards ré[illegible]lement égarés, avec des yeux de prisonnier.

— Qu'est-ce que tu as donc à me regar[illegible] ainsi, d'un air si bizarre, me dit Guillaume, [illegible] voisin de gauche?...

L'avertissement me remit sur mes pieds; [illegible]tais, je pense... dans le Pamir, peut-être, su[illegible] toit du monde!.. Toujours est-il que Guillau[illegible] qui n'était rien moins que sentimental, m'a[illegible] jeté l'équivalent d'un verre d'eau sur la tête, [illegible] depuis ce jour-là, la crainte du ridicule me ga[illegible] heureusement.

J'avais un autre voisin, celui de droite, qu[illegible] nommait Bergasse. Doux, pacifique, conscienci[illegible] et bon, Bergasse possédait le même nez que [illegible] compatriote Henri IV. Mes inventions, pour [illegible] plupart saugrenues et produites par le dés[illegible]

A la dernière note de mon air, les applaudissements prirent des proportions sans nom. (Page 143.)

rement d'un paresseux, avaient le don d'exciter vivement son hilarité, et les efforts qu'il faisait pour la commander achevaient de m'enlever mon sérieux quand j'étais en train de faire des bêtises.

L'étude du soir se continuait ce jour-là dans une interminable lenteur. Pour toute compensation, nous respirions de temps en temps quelques bouffées odoriférantes de vent léger que nous apportaient les fenêtres grandes ouvertes sur le parc.

Bergasse, mon voisin de droite, m'avait vu couper du papier, beaucoup de papier; comme il était curieux de sa nature, il désirait savoir pourquoi. Je le voyais s'agiter, regarder du côté de mon pupitre, se pencher... il n'y tenait plus.

— Enfin, dit-il à voix basse, que veux-tu faire de tout ce papier?

— Je te tiens un pari, mon bon Bergasse, c'est que tu ne le devines pas. Je te joue mon secret contre la balle neuve que tu viens de coudre. Cela va-t-il?

— Oui.

— Alors devine; tu as trois minutes.

Bergasse met sa grosse tête de loup dans ses mains et ne devine pas du tout.

Enfin, il me dit :

— C'est pour couvrir tes livres.

— Mon cher, lui répondis-je, tu as perdu absolument. Je dois te dire, ajoutai-je avec assez d'assurance, qu'avec les indications et le dessin de Guillaume, je fais un ornement d'église en papier.

— Pas possible.

— Non seulement c'est possible, mais c'est fait; je n'ai plus que l'étole à finir.

— Et quand l'ornement sera terminé tu vas le mettre?

— Oui.

— Tu n'y penses pas. Ne fais pas cela. Crois-moi, me dit l'honnête garçon.

Guillaume était un malin, un espiègle très spirituel; peu lui importait de me voir dans le plus cruel embarras.

Bergasse, dont la loyauté et le bon cœur triomphaient de l'épreuve, continuait à me regarder d'un œil suppliant. Tout d'un coup, la vérité se dressa devant moi. Ah! quel chagrin!... Si près de ma première communion, ce serait indigne! Que dirait l'abbé de R...? J'ouvris précipitamment mon pupitre, et comme l'étude finissait au milieu du tumulte, je mis en pièces chasuble, manipule, étole, etc., et les petits papillons de papier volèrent par toute l'étude.

Bergasse, avec un accent très au-dessus de son âge, se pencha de mon côté avec des yeux humides et me dit :

— C'est bien ce que tu as fait là; tu auras ma balle, la voilà.

Les petits papiers avaient été, très indiscrètement, raconter qu'il se passait quelque chose d'anormal parmi nous, aussi, d'une voix tonnante M. Chauvel, le maître d'étude, demanda : — Qui a jeté des papiers?

— Déclare-toi, dit Bergasse, qui continuait à jouer le rôle de mon bon ange.

Après quelques hésitations...

— C'est moi, m'écriai-je!

— Au pain sec, répondit M. Chauvel.

J'aurais préferé un pensum, car ce soir-là je mourais de faim.

JUILLY, AOUT 1843

C'est le matin d'un jour de fête, j'ai pu accompagner M. Scheffer sous le prétexte futile que je lui suis nécessaire pour le chœur.

Le bon maestro m'a pris la main et m'entraîne du côté du parc; je suis charmé, car j'adore ce lieu ombreux qui nous est trop souvent interdit. Je pardonne beaucoup à Juilly, à cause du parc, et le parc avec M. Scheffer, c'est complet.

Le parc, c'est la beauté immuable et calme; c'est l'admirable nature.

Le digne M. Scheffer, c'est la mansuétude, la bonté, l'inspiration, la rêverie.

Pas de frais à faire, le maître ne les connaît pas; il lui suffit de fredonner discrètement des lambeaux de phrases dramatiques suivies de rentrées d'instruments à vent, et pourvu que ce soit sorti de la grande âme de Gluck ou de celles de Mozart ou de Beethoven, il est heureux, il nage dans le bleu.

Nous descendons par les jardins bordés d'une éclatante ligne de géraniums. Ces plantes empruntent au splendide soleil un éclat magnifique. Puis voilà des roses, beaucoup de roses; quels parfums dans l'air! Tout cela se dévoloppe par la douce chaleur. Les oiseaux chantent et s'égosillent de bonheur.

Mais voilà les bords de l'étang.

La merveilleuse et immense nappe d'eau est à peine ridée par une petite brise folâtre qui se laisse tomber tout d'un coup pour reprendre obstinément comme dans un sourire. Les hirondelles au ventre blanc, brunes sur les ailes, effleurent les eaux en décri-

vant leurs courbes élégantes; quelques grosses carpes bondissent pesamment à la surface, et se laissent retomber très fort, faisant éclater des gerbes perlées au milieu desquelles brillent leurs écailles dorées.

On entend distinctement les chants et les cris des grands dans la cour, le long des arbres.

En ce moment la flottille des cygnes sort majestueusement de l'île située à quelques mètres du marronnier et vient raser les rives; ils sont éblouissants de beauté; dans leur attitude fière et dans leur grâce, ils ont l'air d'exalter ce beau jour d'été si doux. Qu'on se trouve donc heureux de vivre aujourd'hui!... Les cygnes viennent jusqu'à nos pieds, étendant leur long cou flexible.

J'avise une ligne; heureusement je retrouve un peu de pain dans ma poche. Au même instant, M. Scheffer se sauve à la chapelle, non sans se retourner pour me dire : — Je vais à la chapelle, je vous attends; revenez de suite.

— Oui, Monsieur.

J'entends le premier coup de la messe! Encore un quart d'heure. En passant derrière la chapelle personne ne me verra, et je m'absorbe dans la vue de mon bouchon. Il disparaît... voilà une belle touche; c'est un poisson malin, il a emporté la boulette.. Recommençons... Pas de chance, le cygne s'approche et s'amuse avec mon bouchon... Gueux de cygne, vas-tu te mêler de mes affaires?... va donc au diable!

La rive s'élevait un peu à l'endroit où je m'étais établi. A mes pieds, des troncs de saules moussus laissaient encore voir de rudes échardes acérées par la destruction, et toutes terminées en pointe.

Le cygne s'obstinait, malgré mes efforts pour l'effrayer. L'heure s'avançait, je ne prendrais rien, bien sûr, à cause de ce vilain oiseau. La colère, l'impatience, mauvaises conseillères, me mirent à l'esprit le plus malheureux des moyens. Prenant ma ligne comme un fouet, j'en enveloppai rapidement le cou de l'importun.

Alors, le volatile affolé réunit toutes ses forces, imprima un furieux coup d'aile à l'obstacle pour se dégager; cramponné à ma ligne, je ne la lâchai pas par malheur; et deux secondes plus tard je me balançais, accroché dans les chairs vives de la cuisse, au-dessus des eaux. Pour le coup, la ligne suivit le cygne qui ne revint pas.

Je souffrais cruellement; comment me dégager?

J'aperçois heureusement le capitaine Kobilinski, notre surveillant d'infirmerie. Son fidèle caniche Tayau m'évente le premier. Je l'appelle au secours, d'une voix très douloureuse.

Peu s'en fallut que le brave capitaine ne se laissât aller à me faire de la morale, dans son charabia polonais; il vit cependant qu'il s'agissait d'un accident de son ressort, et quelques instants après, bien penaud, j'entrais à l'infirmerie.

Quand je revis M. Scheffer, dont j'avais perdu l'amitié, il me menaça du doigt d'un air de rancune, et me dit :

— Vous ne serez jamais qu'un mauvais garnement.

JUILLY, 5 AOUT 1843

— Que dis-tu de ce temps-là, Armandus? — Quand l'abbé Goscheler latinisait ainsi mon nom, c'est qu'il était de sa meilleure humeur. Ce soir-là, veille de la distribution des prix, le cher abbé souriait au bonheur : il allait revoir sa famille et ses amis; ses joies et les nôtres se ressemblaient.

— Je pense, Monsieur, répondis-je à la question, que la nuit nous prépare un orage épouvantable.

— Alors voilà tous nos préparatifs à l'eau! Mais il reste un espoir : tu te trompes peut-être.

— Bien sûr je n'y connais rien, mais j'ai remarqué cependant que lorsque les nuages se groupaient derrière l'école de natation, souvent cela tournait au mauvais temps.

— Alors prions, dit-il, tu as peut-être raison, et il reprit la lecture de son bréviaire avec un visage plus sérieux que celui de tout à l'heure.

Cependant sa rieuse figure me regardait encore par-dessus son livre, et je flairais que le bon abbé se complaisait à me cacher quelque chose. Pendant ce temps, nous étions debout au réfectoire; le repas terminé, nous prenions nos rangs pour monter au dortoir. En marche, par la galerie du préau, je regardais, le nez en l'air, l'extrémité des colonnettes gothiques terminées par des figures de religieux noircies par les siècles, sous leurs sombres capuchons; leur aspect rigide se confondait avec celui du ciel, dont la nuance obscure arrivait à être plus foncée encore. Tout à coup un éclair éblouissant fend la nue, et presque aussitôt retentit un formidable coup de tonnerre.

La secousse électrique passée, nous restons tremblants, la pluie tarde encore; c'est un orage sec, un terrible, un mauvais orage. — L'abbé Goscheler s'élance le long de nos rangs pour nous faire traverser rapidement le passage à ciel découvert. Là, se concentre l'effort de l'ouragan. — Vite, vite! s'écrie l'abbé Goscheler. Il me touche l'épaule pour m'activer en même temps que les autres et me dit : — Tu as été bon prophète. Viens me voir à mon cabinet demain à 8 heures. J'ai reçu une lettre de ta mère et des instructions à ton sujet.

— J'y serai demain, merci, Monsieur.

Je savais bien qu'il me cachait un petit secret, il avait eu trop de plaisir à m'en réserver la surprise. Mais qu'allais-je apprendre demain matin? Ma conscience ne me laissait pas en parfait repos. J'avais reçu bien souvent des reproches de mon père, des prières bien tendres de ma mère, désolée par ma légèreté et ma paresse. Le cœur plein d'angoisse à la pensée de la privation possible de ces vacances tant désirées, je me sentais la proie de cuisants soucis et la nuit allait se passer dans cette incertitude. Mais cependant, me disais-je, pour me rassurer, l'abbé Goscheler n'aurait pas eu l'air si rayonnant et si farceur s'il avait eu de si mauvaises nouvelles à me communiquer. Sur cette bienheureuse pensée, mon attention se reporte avec délices sur l'orage qui m'absorbe.

Nous continuons à gravir le grand escalier du

dortoir, nous passons devant les grands, qui demeurent au-dessous de nous; pendant ce temps, je ne quitte pas des yeux les immenses fenêtres qui s'éclairent sur le parc par les caprices les plus fantastiques de la foudre déchaînée.

Quel spectacle grandiose et terrifiant!

Nous sommes arrivés au dortoir, tous attirés invinciblement aux fenêtres; nous ne quittons pas le ciel des yeux, il nous magnétise. Là, se déroule le drame qui change à chaque instant. Un éclair violet et blanc nous montre tout l'ensemble du parc dans sa plus grande profondeur, pas une branche, pas une ramure qui ne se détache brusquement en blanc pâle pendant cette lueur extraordinaire.

Le fracas qui lui succède est attendu, mais il est si profond et si plein, si majestueux, que chacun ne peut s'empêcher de trembler, tout en admirant.

En ce moment, le cri sinistre : Au feu! au feu! retentit dans le village, tout près du collège, et une immense clarté se projette dans l'escalier du dortoir, montant jusqu'aux combles.

Nous sommes tous descendus; toutes les divisions sont groupées au rez-de-chaussée. Professeurs, maîtres, tous les employés, les domestiques, les sœurs de Saint-Louis et les ecclésiastiques, tous accourent.

L'abbé Carl, le directeur, avec sa jambe boiteuse, a oublié son infirmité. Il se place devant nous, et avec un geste que je n'oublierai jamais :

— Tous à la chaîne, dit-il, et au feu!...

Un service de va-et-vient s'organise, rapide, de la fontaine Sainte-Geneviève, cette fontaine, limpide, inépuisable, le bonheur des jours paisibles! Nous portons en masse ses eaux sur la ferme embrasée. L'orage ne diminue pas d'intensité, le foyer s'attise toujours avec une violence inouïe, enveloppant tout le pays d'une épaisse fumée à travers laquelle des gerbes d'étincelles emportées par le vent s'envolent dans les airs, jusque par-dessus les faîtes du collège. C'était peut-être la destruction totale, l'effondrement général que nous allions entendre! Oppressés, émus, nous craignions un malheur pire encore que celui qui nous accablait. La ferme consistait en un corps de bâtiment principal et deux pavillons, c'était dans l'un d'eux que le feu avait pris naissance, dans les granges. Les chevaux, devenus fous de terreur, éperdus, s'étaient jetés dans le feu. Des cris déchirants de femmes et d'enfants pleurant leur ruine arrivaient jusqu'à nous; la nuit rougeâtre devait être bien triste pour ceux-là!

La première division cherchait par de grands efforts à circonscrire le désastre, à faire la part du feu.

Enfin le ciel se fondit en eau et une pluie torrentielle vint changer nos craintes en espérances.

Pas de chance, le cygne s'amuse avec mon bouchon. (Page 161.)

Les eaux du ciel se réunissant à celles de la terre allaient apaiser enfin la violence du feu.

— Vertuchoux, disait l'abbé Goscheler, ne nous arrêtons pas, mes enfants, du nerf! C'est presque fini. Nous aurons pris un fameux bain de vapeur, voilà tout.

Les flammèches incandescentes s'élèvent encore à une grande hauteur, mais elles retombent éteintes sur la paille humide. Nous continuons à arroser les ruines; nous ressemblons à de vrais brigands tout débraillés, mais gais. Le sommeil, la fatigue ont été remplacés par une émotion forte, dont nous ne nous plaignons pas. — Le baron de Reinach s'est rappelé qu'il a été officier de cavalerie : partout au danger, il a enlevé ses grands et soumet la bonne idée d'offrir à tous un peu de vin chaud, ce qui est accepté. Les abbés L. de B..., de R..., Goscheler ont été bien entraînants; quant à la bonne humeur du dernier, elle a mis en tous le plaisir du devoir.

— C'est égal, dit Bergasse, en montant dans son lit, maintenant qu'il n'y a personne de mort, je suis content d'avoir vu cela.

JUILLY, 6 AOUT 1843

Le lendemain à huit heures je frappais à la porte vitrée du censeur, l'abbé Goscheler; cette porte, comme l'œil toujours ouvert d'Argus, s'ouvrait sur la cour des grands.

Je le trouvai compulsant le palmarès qui allait agiter tout à l'heure l'ambition des forts! Je n'en étais pas, bien sûr; mon regard morne le laissait deviner.

— Cher enfant, me dit-il, ta mère m'écrit une lettre charmante et me prie de te remettre ceci.

En même temps l'abbé me donna un petit billet.

— Ta mère, reprit-il, a consulté ton père, et d'un commun accord tu es appelé à Mulhouse si... — fais bien attention, il y a un si, — *si tu as un prix*. Es-tu des heureux?

Je pâlis beaucoup, la voix s'étrangla dans ma gorge et je ne pus répondre...

— Réponds-moi, insista M. Goscheler.

— J'ignore si j'ai quelque chose ou si je n'ai rien. Je n'espère rien, voilà la vérité. Il me faudrait, ajoutai-je, une chance inouïe pendant les compositions des prix!

— Je vais examiner cela et fixer tes espérances. Ne va pas surtout trahir mon secret que tu garderas pendant quelques heures encore.

Et, me montrant mon nom sur le palmarès :

— Sois heureux, cher Armand, tu as le second prix de narration française! Es-tu content?

— Je suis ravi ; je ne l'espérais pas, je vous assure.

— Puisque tu as un prix, Armandus, tu pars pour Mulhouse ce soir, à 9 heures, par les messageries de la rue des Victoires. Tu as un oncle à Paris. Il est prévenu, t'attendra à 4 heures, à l'impasse de Bondy, et te recevra à ta sortie de la voiture du collège; puis te mettra en diligence. Ta place de coupé est retenue. Je termine mon mandat en te remettant vingt francs de la part de ta mère.

Si cela n'avait été le respect, je crois que je lui aurais sauté au cou. Me ravisant, je lui dis :

— Je voudrais bien vous embrasser pour tout le bonheur que vous venez de me donner.

Embrassons-nous, Armandus, et, l'année prochaine, reviens un jeune homme parfait.

JUILLY, DÉCEMBRE 1844

Que l'hiver est donc une sombre et triste saison à Juilly! Ces grands arbres du parc qui gémissent, sous leurs ramures noircies par le temps, décharnés, plaqués par instant de taches de neige; ces corbeaux qui passent dans l'air glacé, en poussant leur coassement lugubre, les figures attristées des élèves qui souffrent comme la nature entière, l'air rogue et ennuyé des maîtres d'études attristés par leur vie solitaire et la bise qui gémit en mineur sans relâche, le froid âpre, tout concourt à développer la mélancolie de l'hiver à Juilly.

Mais aussi, au printemps quelle revanche! Quel renouveau, quelle fête de la nature, des arbres, et du soleil!

Sous les impressions glaciales de décembre nous étions toujours des plus tristes : à cette époque on ne sortait pas, à l'occasion du jour de l'an; la soirée du 27 décembre commençait. Transis, contractés, réunis autour de la boutique, que le boutiquier avait abandonnée faute d'acheteurs, nous jouions avec fureur à la semelle pour nous réchauffer les pieds. Il était près de 4 heures du soir et chacun allait rentrer dans quelques instants à l'étude sous l'empire d'une grande mélancolie. Un seul espoir de plaisir nous restait : l'arrivée prochaine des caisses du jour de l'an, puis enfin, l'étang gèlerait peut-être, nous pourrions patiner et glisser.

Un groupe de quelques-uns d'entre nous restait obstinément contre la boutique, où le vent très vif avait un peu moins de prise.

— Voilà une nuit, dit Saint-Ange, que je ne voudrais pas passer sur la grand'route!

— Il gèlera! la belle affaire, répondis-je, crois-tu, que nous n'ayons de pire ennui que le froid? et puis, je te l'avoue, je ne puis plus me sentir ici, j'en meurs, et pour un rien je franchirais le mur que voilà et j'irais à Paris.

— Il le ferait pourtant ce fou-là, dit Saint-Phalle, et se ferait renvoyer!

— Si ce n'était à cause de maman, ce ne serait pas long, lui répondis-je.

— Comment ferais-tu? reprit Saint-Ange, conte-nous cela.

— Oui, raconte, dirent les autres.

— Je grimperais le long de la poutre du réverbère. Quand j'aurais atteint la lanterne, je passerais une jambe, puis l'autre, et je me laisserais tomber de l'autre côté, en ployant bien les jarrets, pour ne pas endommager ma petite personne.

— La route est en contre-bas, tu aurais de la peine.

— Il faudrait être deux, répondit Saint-Ange.

— Si nous étions trois ce serait bien plus facile, et plus gentil, dit de Sudre, d'autant plus qu'il y aura de la lune ce soir.

Tout à coup la cloche retentit, et nous rentrâmes en étude.

Quelques minutes nous avaient manqué pour nous entendre et convenir de quelque folie avant de l'exécuter. Rentré en étude, la tête dans les mains, je sentis mon front brûlant, et l'appât du grand air glacé devint subitement pour moi comme un bien auquel j'aspirai si vivement, que, comme à mon insu, j'élevai la main pour sortir : le maître d'étude fit un signe approbatif. Un instant après, j'étais dans la cour et je me dirigeais du côté de la poutre du réverbère. Mon projet s'accomplit à souhait, en quelques secondes, malgré la hauteur et la difficulté. A quinze ans tout semble si simple et si aisé matériellement! Retombé sur la route de Thieux, je ressentis un grand coup dans le cœur; il me semblait que je venais de commettre un crime dont je ne pourrais désormais effacer la trace. Rentrer à l'étude par le même chemin était une chose vraiment impossible; rentrer par la grande porte cochère était la seule hypothèse acceptable; mais il eût été trop sage, et trop simple d'agir ainsi, et de suivre l'impulsion du bon sens! La lune, dont la lumière déchira la nue, et le vent qui s'engouffra dans la rue, me firent redresser la tête : il fallait que mes camarades fussent bien sûrs que je n'avais pas eu peur. Je boutonnai mon paletot sous le menton et, non sans mesurer avec une certaine angoisse la portée de mon équipée, je pris à grands pas la route de Paris. Un vent glacial balayait le chemin et les vestiges de la dernière neige venaient comme un grésil très dur me frapper au visage, je me sentais tellement froid à la figure qu'elle me paraissait gelée. Aucun bruit ne se faisait entendre, si ce n'est le lointain écho des roues d'une charrette qui marchait devant moi; subitement la lune se voila, et l'ombre s'étendit sur la campagne endormie. J'approchais du cimetière que la route côtoyait dans toute sa longueur. En passant devant le champ de l'éternel repos, le vent me parut gémir plus tristement encore; je ne pus maîtriser mon émotion; hâtant le pas, j'ouvrais tout grands mes yeux terrifiés, laissant couler mes larmes glacées de froid. Le vent reprit alors avec plus de force, balaya les nuages, et la lune vint répandre sa lumière sur les tombes.

L'état de mon esprit altéré par l'émotion me fit trouver la nuit belle malgré sa froidure; et cependant je ne pouvais m'empêcher de regretter mon absence là-bas, à la paisible étude qui précédait le souper.

Ils souperaient les autres!...

Mais moi je n'osais penser à la suite de ma triste aventure, qui ferait pleurer ma mère, et rire les autres qui se moqueraient tout simplement du fuyard et qui auraient raison, surtout, ce qui n'était guère douteux, dès qu'il serait ressaisi.

Le cimetière était dépassé, et je me sentais beaucoup plus fort; aussi, quelques pas plus loin je chantai. Cela devait être faux, car je l'avoue, j'étais encore sous le coup d'une émotion très réelle et je grelottais de froid et de faim.

Que ferai-je quand je serai à l'auberge de Thieux tout à l'heure?

Bah! il faut payer d'audace; je leur dirai que je suis un élève du collège, appelé à Paris par sa famille; je me ferai donner à souper et une chambre. Le collège paiera ma dépense le lendemain. J'ai un oncle à Paris; il me mettra en diligence, comme à l'époque des vacances, et je retournerai à Mulhouse près de mes parents. Comment m'accueilleront-ils? Pendant que ces pensées roulaient dans ma tête, je marchais avec une rapidité extrême, poussé par le sentiment de mon isolement; aussi arrivai-je en une demi-heure à l'auberge du Cheval Blanc, le seul de Thieux.

J'accédai dans la salle commune par une espèce de perron de quelques marches, au-dessus desquelles se balançait une enseigne représentant un cheval qui avait dû être blanc avant d'être d'un gris sale.

Une grosse femme laide, à la figure rougeaude, occupait le comptoir entouré de quelques buveurs. C'est à elle que je m'adressai, avec plus d'aplomb que je n'espérais.

— Je voudrais, lui dis-je, à souper et une chambre.

— Très bien, Monsieur, veuillez vous asseoir; c'est prêt de suite.

Je m'approchai du feu, et je caressai, par contenance, un chien sale et puant, celui de l'auberge, qui, étendu devant le feu, ne changea pas de position.

Quelques minutes me suffirent pour absorber le frugal repas

qui me fut servi; il avait tant d'analogie avec le nôtre que je supposai que l'auberge avait un traité pour la desserte du collège.

Mon souper fini, la servante me remet un flambeau de cuivre avec sa chandelle et je gravis un escalier dont les craquements à chaque marche étaient bien inquiétants.

Me voilà dans ma chambre; elle est plus froide que le dortoir, très petite, très sale; je pousse contre la porte un siège bien vermoulu, puis je donne un tour de clé à la serrure qui est rouillée; elle ne marche pas. Je me coule dans le lit glacial; quelques minutes après, j'étais endormi et bien puni.

Quel est ce roulement de voiture qui me réveille en sursaut? Elle s'arrête à la porte de l'auberge. J'entends un colloque entre deux voix d'hommes, puis on monte l'escalier d'un pas rapide et ferme.

Un maître coup de poing ébranle ma porte.

— Ouvrez!

— Qui est là?

— M. de Reinach.

J'ouvre avec peine ma porte, M. de Reinach apparaît enveloppé d'un grand manteau.

— Levez-vous, mon enfant, je vous emmène dans mon cabriolet qui attend à la porte.

Un quart d'heure plus tard, la voiture franchissait la grille de Juilly; M. de Reinach me faisait entrer au séquestre, — ainsi se nommait la prison du collège, où mon lit était préparé d'avance. — Ainsi finit mon odyssée.

28 DÉCEMBRE 1844

Le lendemain, M. de Régny vint me voir au séquestre. Je me précipitai à ses pieds dans un véritable accès de désespoir; les paroles ne me venaient pas, mais seulement des sanglots si violents que je pensais en mourir, ne pouvant les faire cesser.

Le saint prêtre me prit sur ses genoux et me prodigua ses consolations, accueillit mes promesses et remit un peu de calme dans le désespoir qui m'accablait.

— Voilà ce que je désire de toi, écoute, cher enfant :

— Ce soir, tu te confesseras, et demain matin tu assisteras à ma messe, à sept heures, tu y recevras la sainte communion; quand tu auras fait ta paix

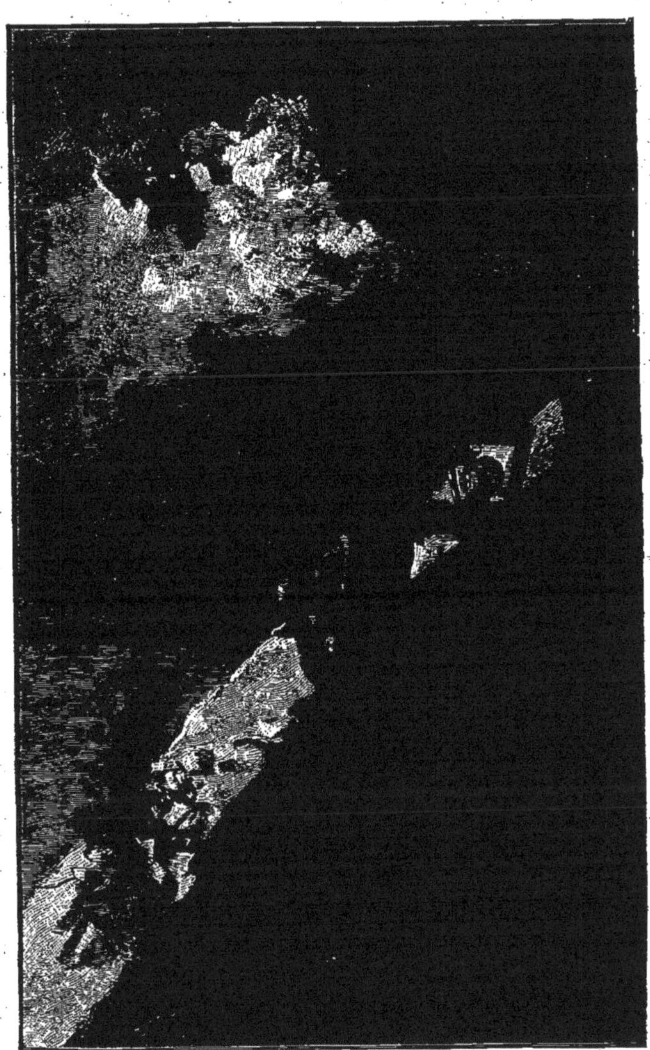

Mon projet s'accomplit malgré la hauteur et la difficulté. (Page 178.)

avec Dieu, elle ne tardera pas à se faire avec les hommes.

Tu as joué gros jeu, enfant; si tu avais pensé à moi, aurais-tu risqué de faire un si grand chagrin à tes parents? Car, ce matin, le conseil s'est réuni. La question de te renvoyer a été posée. Trois voix ont été pour le renvoi, quatre contre. C'est le bon abbé Goscheler qui a pesé dans la balance de la miséricorde. M. Carl, le directeur, était impitoyable; tu connais sa sévérité. Il voulait faire un exemple. N'était-il pas dans le sentiment de la justice?

Écris à ta mère, implore son pardon et celui de ton père. Tu me remettras ta lettre, j'y ajouterai quelques lignes. Que tes résolutions soient fructueuses et je te promets ta grâce avant deux jours.

Les cadeaux du jour de l'an arrivent de toute part, il faut sortir d'ici pour les recevoir. En disant ces mots, il m'embrassa sur le front et il me sembla que j'étais pardonné.

— Surtout, me dit-il en se retournant avant de me quitter, plus de folies pour faire rire tes camarades; tu ne te rends nullement original, mais seulement ridicule, sois-en bien persuadé; le démon en triomphe, et c'est toi qui en pâtis.

Un peu rassuré par ces bonnes paroles, mon esprit se reportait sur les événements de la veille; il me semblait que c'était en songe que j'avais vu apparaître M. de Reinach. Je revoyais sa figure énergique tranchant avec sa chevelure blonde, la décision de toutes ses manières et je me disais : « Oh! oui, on voit bien qu'il n'a pas été toujours homme d'église. »

Et alors me revenait en mémoire ce que j'avais entendu raconter de lui et des événements qui avaient décidé de sa vocation.

La famille de Reinach était fixée aux environs d'Altkirch. Elle y possédait deux châteaux bien connus de tout le Haut-Rhin. Dans l'un habitait le vieux baron et son fils Adrien, sorti de Saumur officier de cavalerie; dans l'autre, un vrai château fort, perdu au milieu des forêts de sapins, le chevalier de Reinach vivait avec sa fille Cécile, fiancée de son cousin. Les familles, déjà unies par les liens de parenté et de vive affection, voyaient avec une joie profonde ce mariage qui allait resserrer encore leur union.

Des fiançailles, aussi luxueuses que la vie des

vieux de Reinach était simple d'ordinaire, réunirent l'élite de la société de la Lorraine et de l'Alsace. Les derniers bans venaient d'être publiés

quand, la veille du mariage, Cécile prit un rhume, et se trouva obligée de garder la chambre. Adrien s'établit à son chevet et ne la quitta pas. Il n'avait que trop raison, hélas! de lui prodiguer les preuves de son dévouement et de sa tendresse : huit jours plus tard elle expirait, et le jeune Adrien, au désespoir, conduisait sa fiancée au champ du repos.

Là, sur cette tombe qui renfermait la joie de son passé et tout son avenir, Adrien lui jura fidélité, se voua au sacerdoce et, sans hésitation, la cérémonie achevée, se rendit chez l'abbé Bautain et lui exposa son projet.

— Mon cher ami, lui répondit l'abbé Bautain, je ne saurais vous refuser mon concours dans cette triste circonstance; vous ressentez en vous un appel d'abnégation qui est souvent cause des plus remarquables vocations. Cet appel intérieur, c'est la voix de Dieu ! nous y apporterons néanmoins tous les obstacles que notre conscience pourra susciter à votre entraînement ; mais si c'est la volonté de Dieu, nos efforts seront vains; vous lui obéirez. Vous aurez beaucoup de luttes à supporter pour obtenir les ordres mineurs. Que dirai-je de ceux qu'il vous faudra affronter pour obtenir la prêtrise !

— Rien ne rebuta le jeune homme : jeunesse, richesse, il abandonna tout; il s'attacha étroitement à l'abbé Bautain, dont la hauteur d'idées avait sur tous ceux qui l'entouraient une énorme influence. Le jeune de Reinach rêvait tout ce qui était haut et grand en fait d'abnégation et d'obéis-

tendre avant l'arrivée de mes cousins, lorsque j'aperçus le baron de Reinach, en grande tenue, qui d'un pas militaire gagnait la porte de sortie du collège.

Où pouvait aller le baron?

Pourquoi n'était-il pas à la promenade? Bien sûr il partait pour Paris.

N'ayant pu répondre à ces questions, j'avais repris ma place contre le mur et je regardais passer sous mes yeux des libellules bleues, roses et vertes, alternant la grâce de leur vol avec celui des hirondelles, qui se dirigeaient du côté de l'étang, quand, tout à coup, le baron oblique vers moi d'un pas accéléré. Vite je l'observai des pieds à la tête.

Sa soutane toute neuve grandissait encore sa taille déjà belle. Il portait la large ceinture de soie des grands jours. Ses souliers, sans boucles, étaient attachés avec un simple cordon de laine. Son chapeau à deux ailes, suivant la mode du diocèse, me parut neuf; son rabat l'était certainement.

Où pouvait aller le baron tout battant neuf? Sa chevelure blonde, taillée plutôt comme il appartient au militaire qu'au clerc, brillait au soleil comme des brins d'or forgés. Son teint était épanoui par cette journée chaude et belle; sa main nerveuse et aristocratique maniait une canne et faisait avec distraction voler le gravier à droite et à gauche.

Je le saluai.

Il répondit gravement à mon salut.

— Que fais-tu là, cher enfant?

— J'attends la visite de mes cousins P... de C..., répliquai-je.

— Tu vas éprouver une grande joie de les voir.

— Immense, Monsieur, je les aime depuis que je suis au monde.

— Alors fais hommage à Dieu de ta joie, et dis ensuite un *Ave Maria* pour moi, qui vais recevoir le diaconat à Meaux, aujourd'hui.

— Dieu aime les prières des enfants, ajoute M. de Reinach en me quittant.

Quelques instants après mes cousins arrivaient et je leur racontais avec empressement la grande nouvelle que je venais d'apprendre. Le lendemain à la grand'messe, c'était le supérieur, M. Bautain, qui officiait. M. de Reinach faisait les fonctions de diacre, M. de Régny celles de sous-diacre.

Je ne quittais pas le baron des yeux : il avait donc reçu ce diaconat aux vœux éternels! Il était engagé pour la vie! encore quelques mois, il serait prêtre, et aurait dit un adieu définitif à ce monde dédaigné seulement après l'avoir connu.

Le nouveau diacre avait l'air d'un ange choisi par Dieu lui-même, pour aller sur la terre inspirer les sentiments les plus pieux et les plus austères.

Quelques mois plus tard, M. le baron de Reinach recevait la prêtrise au même diocèse de Meaux, et le jour de la distribution des prix du collège, il paraissait, au milieu de tous nos maîtres, revêtu du grand habit ecclésiastique à manteau.

Il portait de plus au cou la croix de chevalier de Malte, comme s'il eût voulu par cet emblème, qu'il tenait de sa naissance, affirmer sa volonté irrévocable d'entrer dans le sein de l'Église.

. . . .

Ces souvenirs, et tant d'autres qu'évoqua ma

mémoire, me firent sembler moins longues mes journées de solitude et de pénitence.

Deux jours après, comme me l'avait promis le bon abbé de Régny, les portes du séquestre s'ouvraient pour me rendre à la liberté et à mes devoirs.

Jamais je n'ai oublié la bonté paternelle dont mes maîtres firent preuve en ma faveur, dans cette circonstance, où ma tête folle seule m'avait entraîné. Mon cœur était toujours resté avec eux.

MAI 1845

Il y avait déjà plusieurs mois que j'étais rentré des vacances. O ces douces vacances, passées près de mes parents chéris, près de ma bonne sœur Marie, qu'elles m'avaient paru courtes et délicieuses!... En quittant maman j'avais eu le cœur déchiré, absolument comme à notre première séparation. Cette longue route de Juilly à Mulhouse que j'avais trouvée si agréable et si belle, lorsqu'au mois d'août j'avais été rejoindre la maison paternelle, combien je la trouvais morne, désolée, au mois d'octobre, lorsqu'il fallut la reprendre pour retourner au collège! Les feuilles tombaient tout le long de la route, et la tristesse de la fin de l'automne s'ajoutait à celle de mon âme, pleine des souvenirs du bonheur perdu encore, et désespérée d'envisager un nouvel exil.

Mais les durs moments de l'hiver s'étaient écoulés, et le mois de mai avec ses parfums, ses lilas, ses oiseaux, était revenu nous apporter ses consolations et ses sourires. L'espoir renaissait, on commençait, comme chaque année, à compter les jours qui nous séparaient des vacances.

Un matin, on m'appelle et on me remet une lettre de ma mère. C'était toujours une joie si grande pour moi, de voir sa chère écriture, que je pâlis de bonheur, et que je cours bien vite me cacher dans un coin de la cour pour savourer mon plaisir.

Quelle ne fut pas ma surprise quand je lus :

« Paris, 12 mai 1845.

« Cher enfant, j'arrive à Juilly pour te faire une « longue visite. La journée d'aujourd'hui ne se « passera pas sans que nous soyons réunis. Notre « médecin de Mulhouse avait remarqué que ta « sœur avait le cou un peu gros, il attribuait la « chose à la nature des eaux de la ville et prescri- « vait un changement d'air. Nous sommes de suite « parties pour Paris. J'ai confié ta sœur à ma vieille

« amie, Mme de Faudoas, supérieure des religieuses « Saint-Maur-Saint-Germain. Le cou de ta sœur a « déjà repris son aspect habituel. Marie est presque « accoutumée au couvent. La chère enfant eût « bien désiré m'accompagner à Juilly, mais il a « fallu entendre la voix de la raison et je suis « partie seule.

« A tout à l'heure, les baisers de ta mère.

« B. »

Je tenais encore la lettre de maman à la main quand j'aperçus le bon M. de Régny.

— Ah! cher père, quel bonheur de vous rencontrer! lisez la lettre que je viens de recevoir. Maman arrive aujourd'hui!...

— Te voilà dans les joies du paradis!... Mais, dis-moi, tu n'es pas puni? Quel véritable désespoir ce serait pour ta bonne mère, et pour toi!

— Non, Dieu merci, je ne suis pas puni.

— Ta maman sera ici à quatre heures de l'après-midi; je te donne congé aujourd'hui, à l'occasion de son arrivée. D'ailleurs tu n'aurais pas la tête à toi et tu ne ferais rien de bon en classe.

— Merci pour nous deux, Monsieur; mais quelle heure est-il?

— Encore deux heures à attendre, cher petit; pour prendre patience, rendons-nous au quartier des étrangers, allons préparer la chambre de ta mère, prévenons Mme de Vaux, et cours au parc faire une belle moisson de roses et de fleurs pour les vases de la cheminée de ta chère maman.

L'organisation du quartier des étrangers, dans le collège, avait été, de la part des directeurs, l'objet de soins tout particuliers. Les parents des élèves, ou les étrangers, en arrivant à Juilly, étaient reçus, à cette époque, avec une hospitalité très large et très digne. Les chambres qui leur étaient attribuées garnissaient un immense corridor donnant sur le parc et la cour d'honneur.

Messieurs les prêtres de la congrégation de Saint-Louis et leur supérieur avaient chacun leur appartement donnant sur le parc, et c'est là qu'ils recevaient les visites des parents de leurs élèves.

Une autre aile du collège était affectée aux filles de Saint-Louis, les religieuses dont Mme de Vaux avait la direction.

Si l'existence de M. l'abbé Bautain et de ses

prêtres était d'ordinaire fort simple, presque monastique, il n'en était pas de même pour les hôtes de ces messieurs, qui trouvaient au réfectoire des étrangers une table abondante et soignée. Dans cette grande salle à manger, dont la table était présidée d'ordinaire par le supérieur, les visiteurs retrouvaient pour ainsi dire vivants, les souvenirs de l'ancien Juilly.

Au-dessus des lambris de chêne noircis par le temps étaient des peintures anciennes, représentant la chasse et la pêche dans le parc de Juilly, au temps de Louis XIV. Les chasseurs, élèves de l'abbaye, couverts de fourrures et de brillants habits de l'époque, sont montés sur des chevaux qui ressemblent à ceux que peint Van der Meulen dans les batailles de Rocroy ou de Nordlingen. Il faut croire que la discipline avait à cette époque de grands adoucissements, car certains élèves de maisons de qualité avaient l'autorisation d'amener leur cheval et leur laquais. Dans d'autres panneaux, des portraits : celui du cardinal de Bérulle, fondateur de l'Oratoire, celui du duc d'Albret, père de Henri IV, dont le cœur repose dans la chapelle de Sainte-Geneviève.

M. de Reinach apparut enveloppé d'un grand manteau. (Page 182.)

Les sièges en vieux chêne formaient un bel entourage à l'ancienne table chargée de produits du jardin de Juilly, des poissons de son étang, des fruits de son verger.

Mais ce qui était particulièrement remarquable, ce qui frappait le plus les étrangers de distinction, à cette table si hospitalière, c'était la grâce, l'urbanité, les manières affables et distinguées du supérieur et de son entourage : on y trouvait, comme dans le salon le plus recherché, cet esprit de bon ton, joint au savoir, ces conversations intéressantes, tour à tour graves et enjouées, qui faisaient passer si vite l'heure des repas.

C'est dans ce milieu fort intéressant que ma mère allait venir me retrouver, et mon bonheur était doublé en pensant qu'elle allait, elle aussi, connaître les maîtres que j'aimais.

La chambre qui lui était destinée fut bien vite choisie, et je pris un plaisir immense à profiter de la permission du bon Père de Régny, pour aller cueillir un bouquet dans le parc.

Je me souviens encore combien je me piquai les doigts, voulant mettre sur la cheminée les plus belles roses, pressé par mon agitation intérieure, me figurant que mes fleurs ne seraient pas à leur place à temps, que déjà ma mère chérie serait arrivée!

Quand la chambre fut prête, je courus au dortoir, où je me fis le plus beau que je pus, car je savais comme ma bien-aimée mère aimait la recherche et la propreté chez son Armand. L'heure de l'arrivée de la voiture s'approchait; je reçus la permission de courir au-devant de maman et je partis comme une flèche.

— Doucement, Armand, me dit M. de Régny, ne va pas faire une chute!

— Non, non, Monsieur, on ne tombe pas dans ces occasions-là. Il y a un talisman pour les gens heureux!...

J'allai plusieurs fois encore jusqu'aux grandes portes sans résultat. Enfin, dans le lointain, j'entendis le bruit bien connu de la voiture, qui sonnait la vieille ferraille; je me précipitai du côté des arrivants, maman descendait le marchepied; en un instant je fus dans ses bras.

. . . .

Je me souviens encore de la toilette qu'elle portait ce jour-là. Que je la trouvais jolie! que j'étais fier d'elle, de sa mise, de sa tournure, de sa démarche, de sa figure!

Sa robe était d'une soie gris-bleu changeant, et son chapeau de paille, orné de guirlandes de chèvrefeuille.

Tout triomphant je la fis entrer dans la grande avenue, elle, rayonnante, s'appuyait sur mon bras, quand nous vîmes arriver au-devant de nous l'abbé Goscheler.

L'abbé Goscheler, alors censeur du collège, n'était pas un inconnu pour ma mère; elle l'avait parfois rencontré dans le monde, alors qu'il était professeur de philosophie à Besançon. Nommé ensuite à la chaire de Strasbourg, c'est là qu'il avait connu l'abbé Bautain, et que, converti par lui au catholicisme, il avait peu après embrassé le sacerdoce. De petite taille, avec une figure gaie et franche, des yeux malins et très vifs, une bouche fine, presque toujours souriante, l'abbé Goscheler était un homme d'un esprit charmant, très varié, un aimable ecclésiastique près de qui le temps fuyait. Ses nombreux amis lui restèrent fidèles jusqu'à la fin de sa vie. Beaucoup le regrettent toujours.

Bientôt, presque tous ces messieurs vinrent saluer maman. Quand M. l'abbé de Bonnechose vint à son tour, maman lui rappela en riant avoir dansé avec lui chez Mme de G... à Besançon. Il exerçait alors les fonctions d'avocat général, et devait être, lui aussi, amené à l'état ecclésiastique par M. Bautain.

Mais celui de mes maîtres à qui maman revenait toujours, pour l'accabler des protestations de sa reconnaissance, c'était le bon abbé de Régny, qui possédait à un si haut degré ce cœur tendre et compatissant que les enfants ne trouvent d'ordinaire qu'auprès de leur mère. Si quelques bonnes semences ont germé dans mon âme, je le dois à ce vénérable ami.

Le temps que passa maman à Juilly fut une époque adorable. Avec quelle joie, pendant mes récréations, j'allais, mon bras passé sous le sien, me serrant contre elle, visiter ce beau parc!

Nous nous asseyions de préférence sous le marronnier de Malebranche, qui projette son ombrage magnifique jusqu'aux bords de l'étang, et là, des

causeries sans fin, de douces expansions, faisaient trop vite passer l'heure du repos.

Ma mère m'apprenait que mon père allait bientôt recevoir la première classe de son grade, et que c'était à Calais qu'il devait être nommé. J'étais ravi d'apprendre une aussi bonne nouvelle... Voir la mer!... quelle perspective désirée! J'accompagnerais mon père dans ses tournées sur les côtes! Maman lui avait entendu dire qu'il avait pour cela un cotre du Gouvernement avec un lieutenant et six hommes d'équipage. Il n'en fallait pas tant pour monter une folle tête comme la mienne!

Quand la cloche sonnait, bien à regret je la quittais, et presque toujours, elle, de son côté, allait rejoindre la baronne de Vaux avec qui elle faisait revivre un monde de souvenirs.

Elle avait pris aussi en grande sympathie M. l'abbé Level, administrateur du collège avec qui elle réglait les questions relatives à ma pension. Elle trouvait à M. Jules Level une supériorité intellectuelle très hors ligne; elle était devenue sa pénitente, et ces bonnes relations d'affection durèrent de longues années, après même que l'abbé Level eut quitté Juilly pour prendre la direction de Saint-Louis des Français, à Rome, et fut devenu prélat de la maison de Sa Sainteté Pie IX.

Vers la moitié de son séjour, ma mère voulut m'emmener passer deux jours à Paris.

— Il faut, me dit-elle, que n'ayant pas vu ta sœur ici, tu viennes avec moi pour l'embrasser au couvent de la rue Saint-Maur.

— Alors, maman il faudra présenter ta requête à M. Carl, le directeur.

— Pourquoi parais-tu en avoir une si grande terreur, mon enfant?

— Je ne sais pourquoi, mais nous ne nous sommes jamais sentis attirés l'un vers l'autre. Je crains de lui être antipathique.

— Enfin, il t'impose?

— C'est cela, il m'impose affreusement, et je ne suis pas le seul, car je connais des hommes, et ceux-là, ce sont des hommes sérieux, qui, avant de passer la porte de son cabinet, éprouvent toujours un moment de gêne et d'intimidation. Quand il fixe sur vous son unique œil (1) qui plonge jusqu'au fond de l'âme, on voudrait être dans un trou de souris.

— Eh bien! j'irai le voir et je te dirai s'il a été sévère et si j'ai gagné notre procès.

Le lendemain, j'accourais sous le marronnier de Malebranche, lorsqu'en arrivant je trouvai à maman une figure plus rayonnante qu'à l'ordinaire.

— Sais-tu ce qui cause ma joie? me dit-elle.

(1) M. Carl était borgne.

— As-tu vu le Père Carl?

Les deux questions se croisèrent dans la même seconde.

— Oui, j'ai vu M. Carl, me répondit ma mère, et il a été charmant.

— J'aurais bien voulu être là, répondis-je; tu aurais dû me prévenir, j'aurais aimé à te voir opérer ton charme.

— Il a été fort gracieux, c'est un homme parfaitement distingué et d'un organe enchanteur; il joint à cela des manières d'autrefois, les meilleures qui soient. Il m'a remercié de lui offrir une faible occasion de nous être agréable à tous deux, et m'a dit du bien de mon Armand. Il a ajouté que tu étais léger comme l'hirondelle, et que dès que tu t'apercevais qu'on t'aimait, tu en étais grisé et porté à en abuser un peu. C'est pour cela qu'il est plus rigide avec toi qu'il ne voudrait.

— Et il a accordé les deux jours? Pourquoi ne lui en avoir pas demandé le double pendant que tu étais en train de l'apprivoiser?

— Il ne faut pas abuser.

— Maman, tu as manqué ta vocation; tu étais née pour être ambassadrice.

— Tais-toi, mauvais plaisant, nous partirons demain matin; notre pauvre Marie doit être au désespoir de nous attendre depuis si longtemps, et doit se croire abandonnée.

Je n'avais jamais fait que passer à Paris. A ma grande surprise sa vue ne me produisit pas l'éblouissement auquel je m'attendais. Ces longues rues grises, ces ponts encombrés, ce tapage infernal m'étourdissaient, me rendaient comme hébété. Rien ne me paraissait merveilleux comme le parc de Juilly, en compagnie de ma mère chérie. Je le lui disais et je la voyais s'attendrir à la pensée de son prochain départ.

Le bonheur que j'éprouvai de revoir ma sœur fut très grand; nous ne pouvions nous résigner à nous quitter. Nous avions bâti des projets sans fin pour nos vacances; le moment de la séparation arrivé, nous nous jetâmes dans les bras l'un de l'autre en fondant en larmes. Marie voulut se raidir, afin de sembler plus raisonnable, et pour paraître plus digne de porter le ruban bleu qui flottait autour de son cou, mais la pauvrette n'y parvint pas, et ses larmes continuèrent à se mêler aux nôtres, tant que nous n'eûmes pas pris congé d'elle.

Ce fut le lendemain que maman me fit la grande surprise de m'emmener pour la première fois de ma vie au théâtre. Dès l'entrée, en montant les escaliers couverts de tapis et de fleurs, comme un peu enivré par l'odeur du gaz, il me semblait que je marchais sur des nuages, et j'étais si content que mon cœur en battait bien vite; puis, une fois entré dans cette grande salle illuminée, avec ces blancs, ces ors qui papillotaient devant mes yeux, je restai silencieux, ébloui, répondant à peine aux questions de ma mère, les yeux fixés sur le rideau baissé, craignant de perdre une des paroles qui allaient arriver à mes oreilles.

Ah! ce fut une soirée délicieuse. Avoir tant de plaisir, et le devoir à ma mère chérie, le prendre près d'elle et penser que j'avais encore quelques jours à vivre de sa vie!

Le lendemain, il fallut reprendre la diligence et regagner Juilly. Mais la séparation n'était pas immédiate; j'avais encore quelques jours à garder ma mère, et le retour me sembla moins dur.

Cependant, je commençai à compter les heures, je sentais que bientôt mon bon ange allait me quitter. Quel gros chagrin, quand il fallut nous séparer! Mais les vacances n'étaient pas loin, et maman m'avait laissé une telle provision de bons conseils, de tendres recommandations, que je travaillai avec plus d'ardeur que je ne l'avais fait jusque-là, et que le temps passa plus vite que je n'eusse osé l'espérer.

ÉPILOGUE

Chers enfants, pour qui j'ai retracé ces souvenirs, j'arrive à la fin de ma tâche.

Laissez-moi, avant d'écrire le mot *fin* sur mon dernier feuillet, jeter une fleur sur les tombes de ces maîtres vénérés que j'aimai et vous dire les quelques détails que j'ai pu recueillir sur leurs dernières années.

Maintenant que près d'un demi-siècle s'est écoulé, envisageons quel destin fut réservé aux prêtres de Saint-Louis et à leur éminent supérieur.

M. l'abbé Bautain, nommé vicaire général de Mgr l'archevêque de Paris et promoteur du diocèse, quitta Juilly pour ne plus s'occuper que de prédications et des fonctions qui lui avaient été confiées. Il mourut à Paris dans un âge assez avancé.

M. Carl, notre grand orateur, dont l'éloquence merveilleuse devait tant élever nos âmes, entra dans l'ordre de l'Oratoire, ne quitta point le collège, et acheva sa vie dans les exercices de la plus

haute piété. Ce grand esprit voulut finir dans l'humilité et l'obscurité, lui qui aurait pu briller d'un éclat si extraordinaire dans la plus renommée des chaires chrétiennes !

Nous avons eu la douleur d'apprendre qu'il n'avait point publié ses sermons. C'est là une perte irréparable.

Mgr de Bonnechose fut d'abord supérieur de Saint-Louis des Français, à Rome. Nommé évêque de Carcassonne, il alla prendre possession de son siège, passa à l'évêché d'Évreux en 1855 et fut bientôt nommé archevêque de Rouen, puis cardinal. Les services qu'il rendit à la France, en la défendant avec l'autorité de sa position et de son talent, contre M. de Bismark et le roi de Prusse, pendant la malheureuse guerre de 1871, sont encore présents à tous les esprits.

La dignité et le courage du cardinal furent à la hauteur de circonstances d'une difficulté inouïe. Dieu, dans sa bonté, voulut nous accorder en Mgr de Bonnechose un éloquent défenseur. A Rouen et à Versailles, ce fut lui qui obtint tout ce qui pouvait être obtenu de nos vainqueurs triomphants. Il mourut dans un âge assez avancé, dans son palais archiépiscopal.

M. l'abbé Jules Level était destiné à remplacer Mgr de Bonnechose comme supérieur de Saint-Louis des Français, à Rome. Ce fut là que M. Nestor Level alla rejoindre son frère, devenu prélat de la maison de Sa Sainteté Pie IX.

Vers 1847, M. l'abbé Goscheler quitta l'association de Juilly pour accepter la direction du collège Stanislas, à Paris. Quelques années plus tard, après avoir reçu la croix de la Légion d'honneur, il abandonna sa position de proviseur et se rendit à Rome, à Saint-Louis des Français. Là, sous les beaux ombrages du couvent, près de ses deux amis Level, M. Goscheler entreprit un grand travail qui devait lui faire beaucoup d'honneur : la traduction en français d'un ouvrage de théologie allemand qui faisait défaut et qui comportait vingt-cinq volumes. Pris de fièvres pernicieuses, M. Goscheler revint en France; mais le changement d'air ne put chasser la maladie, et il mourut à Paris vers l'âge de soixante ans.

M. l'abbé Ratisbonne, presque toujours absorbé par la prédication, mourut, je crois, à Rome.

M. le baron de Reinach, au moment de la guerre de Crimée, vers 1854, ne démentit pas sa noble origine. Nommé aumônier, il courut au feu, au sacrifice et à la mort, et la trouva glorieusement sur le champ de bataille, non sans avoir prodigué ses soins à nos soldats jusqu'au dernier soupir.

La figure de M. de Reinach restera une des plus

belles parmi celles de nos admirables maîtres. Dieu et la patrie ! telle fut la devise de ce preux, de ce chevalier sans peur et sans reproche. Il ne quitta l'obscurité à laquelle il s'était volontairement condamné, que pour achever son sacrifice.

M. de Régny continua à habiter le collège ; il était aussi entré dans la compagnie de l'Oratoire. Il passa tout le reste de sa vie à aider de ses conseils les nouveaux directeurs; aimé, vénéré comme le meilleur des pères, sa douce et tendre piété l'aida à supporter les atteintes de l'âge et les infirmités de la vieillesse. Aumônier des sœurs de Saint-Louis, il se consacra avec ardeur à sa tâche ; chaque jour il avait avec Mme de Vaux des entretiens qui furent sa plus douce consolation. Il mourut à Juilly, fort âgé, en 1883 ou 1884, et ne précéda que de peu d'années Mme de Vaux dans l'éternel repos.

Un seul survivant, M. Mertian, existe encore et demeure seul représentant de cette compagnie de Saint-Louis qui fut si remarquable.

M. l'abbé Mertian avait, dit-on, décidé de l'achat de Juilly avec M. Carl. Ces deux ecclésiastiques, possesseurs de grandes fortunes, les offrirent généreusement. Quand l'immense établissement, constitué, eut reçu la vie et l'impulsion par la haute initiative du supérieur et de ses sous-ordres, M. Mertian, plus porté vers le saint ministère que vers l'éducation, avait modestement disparu de la scène et sollicité la cure de Juilly : elle lui avait été accordée, et il y avait trouvé l'heureuse occasion de mettre à l'épreuve ses vertus et son dévouement apostolique. A l'âge de soixante-dix-sept ans, M. Mertian prit un repos bien gagné et entra à l'Oratoire. Il a maintenant quatre-vingt-quatre ans, et c'est de lui dont on peut dire en toute vérité, à la fin de la vie : *Pertransivit benefaciendo.* Doux, très bon, très modeste, M. Mertian possédait le mérite de la simplicité dans le sacrifice ; il avait su se faire aimer de tout le monde, et son souvenir est demeuré très vivant dans tous les esprits de notre génération.

Aujourd'hui, c'est l'Oratoire qui tient dans ses mains les destinées du vieux collège de Juilly. Par la volonté divine, le signe de la croix brille toujours au sommet des toits pointus de la chapelle Sainte-Geneviève. C'est ce même ordre, fondateur de cette maison, à qui incombe la tâche de lui rendre son ancien éclat, après lui avoir fait connaître, dès son aurore, une ère de splendeur et de prospérité.

Rossay, 14 mai 1890.

www.ingramcontent.com/pod-product-compliance
Ingram Content Group UK Ltd.
Pitfield, Milton Keynes, MK11 3LW, UK
UKHW022056260726
13993UKWH00001B/157